# 2,000원으로 밥상차리기

서민의, 서민에 의한, 서민을 위한 요리책

YoungJin.com Y.
영진닷컴

나물이가 그린 자화상

# 여 는 글

나물이가 인터넷에서 활동하는 것을 보고 언젠가는 요리책을 내자는 제의를 받지 않겠느냐는 소문이 떠돌았는데 이렇게 정말 요리책을 내게 될 줄은 몰랐네요. 어릴 때부터 요리책을 보거나 요리하는 걸 좋아하긴 했지만 요리책은 요리사들이나 내는 건 줄 알았거든요.

제가 어렸을 때 어머니는 식당 일을 하셨어요. 어머니는 새벽 일찍 일을 나가시면서 냄비 가득 국이나 찌개를 끓여놓으셨어요. 자연히 저희 형제는 스스로 끼니를 챙겨먹어야 하는 일이 많았죠. 그런데 그런 일들이 별로 싫지 않았어요. 오히려 동생들이랑 떡볶이도 해먹고 볶음밥도 해먹던 것을, 하나의 놀이로 즐겼던 기억이 나네요.

대학 때 본격적인 자취를 시작했어요. 기숙사를 뛰쳐나온 거죠. 자유로운 생활이 그리웠거든요. 특히 기숙사에서는 밥을 해먹을 수가 없잖아요.

미술을 전공하다 보니 방학 때에도 늘 학교 실기실에서 그림을 그리곤 했는데 친구들과 음식을 해먹는 것이 큰 즐거움이었어요. 큰 들통에 닭을 한 마리 넣고 불을 적당히 맞춘 뒤 실기실로 친구들을 부르러 가는 거예요. 닭은 6시간 정도 끓여야 백숙의 참 맛이 나거든요. 몇 시간 동안 열심히 그림을 그리고 자취방으로 내려와 친구들과 함께 먹는 백숙과 소주 한 잔! 캬~

한번은 비가 추적추적 내리는데 친구들이랑 "뭐 입맛 당기는 거 없을까?" 궁리를 하다가 추어탕을 해먹기로 했어요. 미꾸라지를 사면서 아줌마한테 레시피를 물어봤죠. "아줌마, 추어탕에 뭐뭐 넣으면 되요?" 아줌마가 일러 주신대로 시래기, 들깨가루, 산초가루 사서 고추장, 된장 풀어 끓였는데 감동의 도가니였다는 거 아닙니까.

대학을 졸업하고 경제적인 독립을 시작하면서부터는 정말 생존 전략을 세우지 않을 수 없었어요. 자장면을 하나 시켜 먹으려다가도 '그 돈이면 탕수육을 만들어 먹을 수 있는데…' 하는 생각에 차츰 짠돌이 독신남이 되어간 거죠.

디지털카메라를 구입하면서 그날그날 해먹은 음식 사진을 홈페이지에 올렸는데 반응이 무척 좋았어요. 그 즐거움에 혼자 요리를 해먹어도 외롭지 않고 좋더라고요. 왜 혼자 먹으려면 청승맞고 맛도 덜 하잖아요.

요리를 특별히 어디서 배운 적은 없어요. 제 인생 자체가 독학 인생이라 컴퓨터도, 요리도 모두 독학으로 마스터했죠. 보통 요리책의 레시피를 보면 자격증 교재 같다는 생각이 들잖아요. 그래서 작은 포스트잇에 나만의 방법으로 요약하고 정리해서 이것저것 만들어봤어요. 요리책을 읽다보면 사족이 너무 많아서 간단한 요리도 어려운 요리처럼 포장된 경우가 많거든요.

자, 그럼 이제부터 쉽고 간편한 나물이의 생활 요리 속으로 들어가 보실까요?

# 차 례

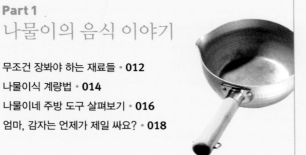

**Part 5**

# 생크림 케이크, 초코칩쿠키, 피자바게뜨, 집에서 만든다!

>>> 못다한 이야기

## 독신남의 요리 노트 찾아보기

# Part 1
# 나물이의 요리 이야기

나물이가 만든 요리는 정말 쉬워 보여요. 제 아무리 어려워 보이는 찜닭, 탕수육, 난자완스 심지어 케이크까지 왜 나물이가 만들면 그렇게 쉬워보일까요? 그 비밀을 알려드릴게요. 일단 계량 방법이 어렵지가 않아요. 집에서 흔히 하듯 숟가락 하나로 모든 재료 분량을 맞출 수 있고요, 음식 만들 때 쓰는 주방 도구들도 어느 집 가정에나 있는 흔한 것들이에요. 독특한 맛을 내는 비법은 알고 보면 마트에서 흔히 살 수 있는 소스에 있는 거였구요. 자, 나물이 부엌과 냉장고를 한 번 들여다 볼까요?

# 무조건 장봐야 하는 재료들

## 야 채 류

### 대파

대파는 거의 모든 음식에 들어가는 재료예요. 보통 푸른 줄기 부분보다는 흰 뿌리 부분을 사용하는데요. 잘 손질해서 긴 밀폐 용기에 담아 냉장 보관을 하면 한 달 이상 사용할 수 있지요. 한 달 내에 다 사용하지 못할 것 같으면 아예 냉동 보관하세요.

### 양파

양파도 거의 모든 음식에 들어가는 재료예요. 하지만 단맛을 내기 때문에 매운탕처럼 매운맛을 살려야 하는 음식에는 넣지 않는 것이 좋아요. 습기가 있으면 싹이 나기 쉬우니까 보관할 때에는 망에 넣어 통풍이 잘 되는 곳에 두세요. 사용하고 남은 자투리는 꼭 밀폐 용기에 담아 냉장 보관하세요.

### 마늘

마늘은 우리나라 음식에 빼놓을 수 없는 향신료지요. 향을 좋게 하려면 으깨지 말고 칼로 곱게 다지는 것이 좋아요. 볶음 요리를 할 때는 저며서 사용해야 한결 깔끔한 음식을 만들 수 있지요. 깐 마늘은 밀폐 용기에 담아 냉장 보관하고 다진 마늘은 위생비닐에 담아 넓게 펴서 냉동 보관하세요.

### 애호박

애호박도 활용도가 아주 높은 야채지요. 다른 야채보다 쉽게 무른다는 단점이 있지만 그만큼 용도가 다양하니까 장바구니에 부담 없이 넣어보세요. 보관할 때에는 랩으로 싸서 밀폐 용기에 담아 냉장 보관하세요.

### 고추

고추는 맛도 맛이지만 요리의 색을 화려하게 하는 데 탁월한 효과가 있지요. 칼칼한 맛을 좋아하는 분은 풋고추보다는 청양고추가 좋고, 고춧가루를 사용하는 음식에 붉은 고추를 갈아 넣으면 맛이 한결 개운해진답니다. 보관할 때는 밀폐 용기에 담아 냉장 또는 냉동 보관하세요.

### 당근

당근도 음식의 색을 화려하게 해주는 재료예요. 보기 좋은 떡이 먹기도 좋다고 음식의 색이 화려하면 저절로 식욕이 돋지요. 보관할 때는 랩으로 싸서 밀폐 용기에 담아 냉장 보관하세요.

### 무

시원하고 단맛을 내는 무는 그 쓰임새가 아주 다양합니다. 국물을 낼 때 무를 한 덩어리 넣으면 훨씬 시원한 맛이 나고, 생선조림을 할 때 무를 넣으면 무가 비린내를 흡수해서 더욱 깔끔한 맛이 나지요. 무는 다른 음식의 맛을 돋보이게도 하지만 무생채나 볶음을 해먹어도 좋답니다. 보관 방법은 당근과 같아요.

### 감자

전, 국, 찌개, 볶음, 조림 등 감자 하나면 식탁이 화려해지지요. 다만 싹이 난 감자는 독성이 있으므로 싹을 도려내고 사용하는 것이 좋아요. 까지 않은 감자는 통풍이 잘 되는 서늘한 곳에 보관하고, 남은 자투리는 밀폐 용기에 담아 냉장 보관하세요.

## 국물 재료

### 다시마

국물 맛을 낼 때 빼놓을 수 없는 것이 다시마인데요. 다시마는 사방 5cm 크기로 잘라 밀폐용기에 담아두고 필요할 때마다 꺼내 쓰면 좋아요. 본문의 레시피에는 사방 10cm 1장이라고 표기를 했는데요. 따라할 때에는 보관해 둔 사방 5cm 2장을 넣으면 됩니다.

### 국멸치

국멸치는 크고 푸른빛이 도는 것이 좋아요. 머리와 내장을 떼어내고 한 번 볶아서 쓰면 더욱 구수한 국물을 낼 수 있지요. 국멸치와 다시마만 있으면 화학 조미료 없이도 맛을 낼 수 있답니다. 밀폐 용기에 담아 서늘한 곳에 보관하면 눅눅해지는 것도 방지하고 오래 사용할 수 있지요.

### 건새우

국물을 낼 때 건새우도 넣어보세요. 국물 맛이 한층 업그레이드된답니다. 국물 낼 때 뿐만 아니라 볶아서 밑반찬으로 먹어도 훌륭하지요. 국멸치와 마찬가지로 밀폐 용기에 담아 서늘한 곳에 보관하면 눅눅해지는 것을 방지할 수 있어요.

### 건표고버섯

생표고버섯보다 건표고버섯이 보관도 쉽고 맛과 향도 좋아요. 게다가 건표고버섯을 불린 물은 표고버섯의 향이 우러나와 훌륭한 국물 재료가 되지요. 밀폐 용기에 담아 서늘한 곳에서 보관하고, 사용할 때에는 미지근한 물에 불려서 사용하세요. 불린 표고버섯은 냉동 보관하는 것이 좋아요.

## 고기류

### 쇠고기

**등심 · 안심 · 채끝살** ⇨ 구이, 전골, 스테이크
**우둔 · 홍두깨살** ⇨ 포, 회, 조림, 산적, 탕
**갈비** ⇨ 찜, 탕, 구이
**양지** ⇨ 육수, 국물, 찌개(떡국, 육개장, 미역국)
**사태** ⇨ 편육, 찜, 탕, 조림(사태찜, 장조림)

### 돼지고기

**삼겹살 · 목살** ⇨ 구이, 양념불고기
**안심 · 등심** ⇨ 튀김, 볶음(돈까스, 고추잡채)
**앞다리 · 뒷다리** ⇨ 찌개, 조림(장조림)
**갈비** ⇨ 바비큐, 불갈비, 갈비찜

### 닭고기

**다리 · 날개** ⇨ 튀김, 조림, 찜, 구이
**안심** ⇨ 튀김, 볶음, 샐러드, 냉채
**가슴살** ⇨ 튀김, 볶음

고기류는 부위별로 구입해서 한 번 요리할 만큼씩 위생비닐에 넣어 냉동 보관합니다. 이때 검은 비닐봉지는 사용하지 마세요. 내용물을 확인할 수 없으면 영원히 냉동 상태로 남게 될 수 있어요. 유성 매직으로 고기 종류와 냉동 날짜를 표기하는 것도 좋은 방법입니다.

# 나물이식 계량법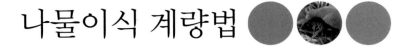

일반 가정집에서는 대부분 전문적인 계량 용기가 없어 숟가락을 쓰지요. 나물이 역시 숟가락을 사용합니다.
요리책을 쓰면서 가장 고민한 부분이 바로 이 계량 문제였어요. 그래서 숟가락 하나로 간단히 해결했지요.
이 책에 나오는 모든 요리의 계량은 어른 밥숟가락 하나로 충분합니다.

## 1줌은 어는 정도?

1줌은 재료를 한 손으로 가볍게 쥐었을 때의 양입니다.
보통의 재료들은 가볍게 쥐었을 때 대략 100g이 됩니다.

건면 종류는 엄지와 검지를 이용해 가볍게 쥔 것이 대략 1인분
이 됩니다.

## 1컵은 종이컵으로 1컵

1컵은 커피 마시는
종이컵의 양과 같습니다.

1컵은 25숟가락입니다.
½컵은 12숟가락입니다.
⅓컵은 8숟가락입니다.
¼컵은 6숟가락입니다.

## 분량이 표기되지 않는 것은?

분량이 표기되지 않은 재료는 취향껏 넣거나 조금씩 넣으라는
뜻입니다. 소금, 후춧가루, 참기름, 깨 같은 것이 그러한데요.
소금은 간을 하기 위해 들어가는 것이니 자신의 입맛에 맞게 짜지
않게 넣으면 됩니다. 쉽게 생각하세요. 설렁탕을 먹을 때 자기
입맛대로 소금간을 하는 것과 같습니다.

본문의 '재료 미리 준비하기'에서 주재료는 요리를 하는데 꼭
필요한 것이고 부재료는 한두가지 빠져도 상관없는 것을 분류한
것입니다.

# 어른 밥숟가락 하나면 준비 끝!

## 장 종류 계량하기

(1)은 가볍게 떠서 약간 불룩한 정도입니다. 예) 고추장(1) = 20g

(0.5)는 반 숟가락을 뜻합니다.
예) 다진 마늘(0.5)

## 가루 종류 계량하기

(1)은 수북이 떠서 좌우로 살살 흔들었을 때의 양입니다. 예) 설탕(1) = 10g

(0.3)은 숟가락 끝에 약간 떴을 때의 양입니다. 예) 생강가루(0.3)

## 액체 종류 계량하기

(1)은 숟가락에 부어서 불룩한 정도입니다.
예) 식용유(1) = 10g

(0.5)는 숟가락에 부어서 중간쯤 담겼을 때의 양입니다.
예) 물엿(0.5)

# 나물이네 주방 도구 살펴보기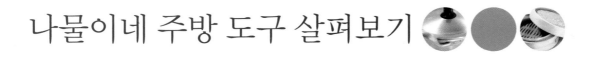

### 가위

주방용 가위를 하나쯤 마련해 두면 참 다양하게 사용할 수 있어요. 대파나 고추 같은 것을 자르거나 다시마나 건미역 같은 것을 자를 때도 좋지요.

### 계량컵

계량컵이 있으면 레시피에 몇 컵이라고 제시되어 있을 때 정확한 분량을 잴 수 있어 편합니다. 집에 계량컵이 없다면 종이컵을 이용하면 되지요. 숟가락으로 계량할 때에는 25숟가락이 1컵이 됩니다.

### 고무 주걱

고무 주걱을 쓰면 양념장을 만들어 본 재료에 넣을 때 양념을 알뜰살뜰 깔끔하게 넣을 수 있어요. 한 번 사용해보면 그 탁월한 성능에 감탄하게 된다니까요.

### 조리기구 세트

조리기구 세트에는 국자, 볶음주걱, 뒤지개 등이 있는데요. 스틸로 된 것보다는 플라스틱이나 나무로 만들어진 것이 코팅된 팬을 손상시키지 않아요.

### 깔때기체

체에 깔때기가 달려 있어 고추기름이나 튀김할 때 쓰고난 기름을 용기에 다시 부을 때 불순물을 걸러낼 수 있어 유용하지요.

### 뚝배기

된장찌개나 순두부찌개는 뚝배기에 끓여야 제맛이 나지요. 뜨거운 뚝배기를 사용한다면 뚝배기 집게와 받침도 필수!

### 깨갈이

통깨를 갈아 깨소금을 만들 때 아주 좋아요. 특히 깨를 갈아 돈까스 소스에 섞어 먹으면 고소한 깨소금향이 좋지요.

### 편수냄비

손잡이가 한쪽에만 달려 있는 편수냄비는 다양한 요리에 사용할 수 있어 한 개 이상은 꼭 가지고 있는 것이 좋아요.

### 다회용 접시

요리할 때 재료를 다듬어 모아두는 용도로 부담 없이 사용할 수 있어요. 혼자 사는 집에 손님이 많이 찾아올 경우 음식 접시로 활용할 수도 있지요. 다회용이라지만 거의 영구적으로 쓸 수 있어요.

### 도깨비 방망이

재료를 갈 때 도깨비 방망이 하나쯤은 있어야지요. 도깨비 방망이를 사용하면 양념 등의 재료 준비 시간을 한결 단축시킬 수 있어요.

### 도마와 칼

무엇보다도 칼이 잘 들어야 요리할 맛이 나지요. 잘 드는 칼로 큰 것과 작은 것을 하나씩 장만해 두는 것이 좋습니다. 도마는 뭐니뭐니해도 세균 번식을 막아주는 나무 도마가 제격이지요.

### 체

국물을 받쳐 내리거나 밀가루 같은 가루를 곱게 내릴 때 꼭 필요합니다. 큰 것 하나와 거품을 걷어내는 것, 냄비에 걸쳐서 사용할 수 있는 것이 있으면 좋아요.

### 양은냄비

양은냄비에 끓인 라면을 뚜껑에 덜어 먹는 그 맛은 알 만한 사람은 다 아실 겁니다. 양은냄비는 열전도가 빨라서 생선조림을 할 때도 제격이지요.

### 프라이팬

프라이팬은 관리를 잘해야 코팅이 벗겨지지 않아요. 가급적이면 세척할 때 수세미를 쓰지 말고 세척 후에는 물기를 말끔히 제거해야 합니다. 키친타월에 식용유를 발라 골고루 코팅해서 보관하면 훨씬 더 오래 사용할 수 있지요.

### 웍

볶음 요리를 할 때에는 속이 깊고 넓은 웍을 사용하는 것이 좋아요. 볶음 요리를 하고 나면 물로 씻은 후 키친타월로 물기를 닦아서 식용유로 코팅을 해 둬야 다음에도 맛있는 요리가 나온답니다.

### 필러

필러는 채소의 껍질을 벗길 때 유용한 도구입니다. 양옆에 튀어나온 부분은 감자의 싹 같은 것을 도려낼 때 사용하지요.

### 집게

튀김이나 뜨거운 음식을 집을 때 사용하면 좋지요. 삶은 행주를 꺼낼 때도 집게를 쓰지요.

### 채칼

채칼은 많은 양의 야채를 채 칠 때 유용하지요. 무나 감자를 얇게 저밀 수 있는 채칼은 기본이고, 양파나 무를 갈아 즙을 낼 수 있는 강판도 있으면 좋아요.

### 찜통

스테인리스 찜통도 있지만 찜의 멋과 맛은 대나무 찜통을 능가할 것이 없지요. 하지만 대나무 찜통은 사용한 뒤 반드시 통풍을 시켜 잘 말려두어야 합니다. 자칫하면 곰팡이가 생기기 쉬우니까요.

### 오븐 토스터

3~4만 원이면 살 수 있는 오븐 토스터는 저렴한 가격에 비해 성능과 활용도가 뛰어나지요. 토스트 뿐만 아니라 피자, 쿠키, 바비큐 등 요리의 폭을 한층 넓힐 수 있답니다.

# 설거지는 음식을 먹고 나서 바로 하자

"요리하는 건 좋은데 설거지는 싫어!"라고 말하는 분들이 있죠? 좀 심하게 들릴지 모르지만 그런 분들은 요리를 하지 말아야 합니다. 요리는 재료 준비부터 시작해서 정성스레 만들고, 맛있게 먹고, 마지막으로 설거지까지 확실하게 마무리지었을 때 비로소 완성되는 것이니까요.
요리를 즐겁게 하려면 조리하는 동안 틈틈이 청소를 해야 합니다. 물을 끓이는 시간에 재료를 다듬은 찌꺼기를 치우고, 재료가 익는 사이에 양념 만들던 그릇들을 씻으면 요리가 끝남과 동시에 부엌은 무슨 일이 있었느냐는 듯 깔끔하게 정리됩니다.

또 맛있게 식사를 하고 나면 바로 설거지를 해서 다음 요리를 시작할 때 묵은 설거지부터 하게 되는 일이 없어야 합니다. 설거지가 쌓이면 새로운 요리를 해먹고 싶은 마음이 들지 않으니까요. 급할 땐 마지막 한 술을 오물오물 씹으면서 후다닥 설거지를 해치우는 것도 한 방법입니다. 바로 물로 헹궈두면 일도 아닌데 쌓아두면 설거지도 일이 된답니다. 조리하는 중간에 설거지할 시간이 없다면 조리를 잠시 중단하고라도 중간 청소는 반드시 해두어야 한다는 것, 잊지 마세요!

# 엄마, 감자는 언제가 제일 싸요?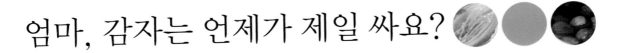

## 제철 채소류

| 1월 | 2월 | 3월 | 4월 | 5월 | 6월 | 7월 | 8월 | 9월 | 10월 | 11월 | 12월 |
|---|---|---|---|---|---|---|---|---|---|---|---|

**브로콜리** : 볶음 초무침 / **우엉** : 조림

**냉이** : 국, 무침
**두릅** : 초무침
**미나리** : 찜
**달래** : 달래장 무침
**쑥** : 국, 떡

**취나물, 곰취** : 무침, 볶음, 쌈

**풋나물, 마늘종** : 무침, 볶음, 장아찌
**매실** : 장아찌, 술
**봄동** : 겉절이 무침
**열무, 총각무** : 김치
**얼갈이** : 김치, 겉절이
**돈나물** : 초무침, 물김치

**고사리** : 국, 나물, 무침
**쑥갓, 상추** : 쌈, 겉절이, 무침

**양배추** : 샐러드, 볶음

**피망** : 볶음

**버섯** : 매운탕, 볶음, 구이, 잡채

**쪽파** : 파김치

**더덕** : 생채, 구이, 장아찌
**부추** : 전, 김치, 무침 / **갓** : 김치

**죽순**

**양상추** : 샐러드

**고구마** : 맛탕, 찜, 구이
**도라지** : 볶음, 무침
**고추**

**토란줄기** : 국, 육개장
**강화순무** : 김치, 물김치
**머루** : 머루주

**메밀묵, 도토리묵** : 무침

**당근** : 볶음, 샐러드
**늙은 호박** : 죽 / **시금치** : 무침, 된장국

**무** : 무밥, 무나물, 무국, 깍두기, 무생채

**쪽파** : 파김치

**더덕** : 생채, 구이, 장아찌
**부추** : 전, 김치, 무침 / **갓** : 김치

**오이** : 무침, 소박이, 냉국, 장아찌, 피클

**애호박, 호박잎, 보리밥** : 찌개, 나물, 볶음, 쌈

**깻잎** : 절임, 장아찌, 볶음, 쌈

**연근** : 볶음, 조림
**콩나물, 숙주** : 국, 무침, 찜

**두부, 콩비지** : 찌개, 전골, 만두

**양파** : 볶음, 샐러드
**풋고추** : 꽈리고추 : 볶음, 조림, 찜
**아욱, 근대** : 국, 무침
**감자** : 찌개, 조림, 찜, 튀김, 볶음, 수제비
**옥수수** : 찜, 삶기, 구이
**콩** : 콩국, 미숫가루

**연근** : 볶음, 조림
**두부, 콩비지** : 찌개, 전골, 만두
**말린 호박** : 볶음
**배추** : 겉절이, 김치, 국, 찌개, 쌈
**청국장** : 찌개
**콩나물, 숙주** : 국, 무침, 찜

음식을 싸게 해먹으려면 언제 무엇이 싼 지 알아야 해요.

감자가 제아무리 값싼 재료라 해도 제철이 아닌 겨울에는 비싸거든요. 값도 값이지만 제철에 사야 맛도 좋답니다.

## 제 철 어패류

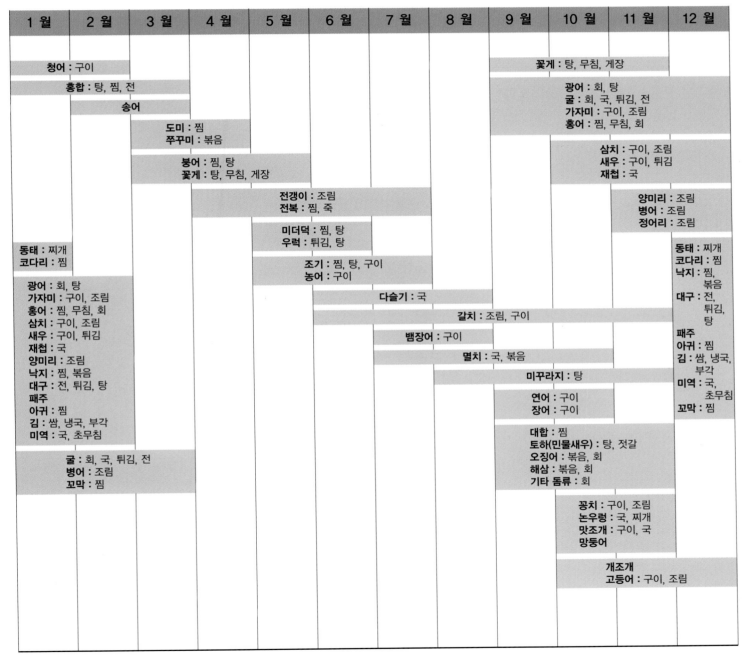

| 1 월 | 2 월 | 3 월 | 4 월 | 5 월 | 6 월 | 7 월 | 8 월 | 9 월 | 10 월 | 11 월 | 12 월 |

- 청어 : 구이 (1~2월)
- 홍합 : 탕, 찜, 전 (1~3월)
- 송어 (2~3월)
- 도미 : 찜 / 쭈꾸미 : 볶음 (3~4월)
- 붕어 : 찜, 탕 / 꽃게 : 탕, 무침, 게장 (3~5월)
- 전갱이 : 조림 / 전복 : 찜, 죽 (4~7월)
- 미더덕 : 찜, 탕 / 우럭 : 튀김, 탕 (5~7월)
- 조기 : 찜, 탕, 구이 / 농어 : 구이 (5~8월)
- 다슬기 : 국 (6~8월)
- 갈치 : 조림, 구이 (7~9월)
- 뱀장어 : 구이 (7~8월)
- 멸치 : 국, 볶음 (7~9월)
- 미꾸라지 : 탕 (8~9월)
- 연어 : 구이 / 장어 : 구이 (8~9월)
- 대합 : 찜 / 토하(민물새우) : 탕, 젓갈 / 오징어 : 볶음, 회 / 해삼 : 볶음, 회 / 기타 돔류 : 회 (9월)
- 꽁치 : 구이, 조림 / 논우렁 : 국, 찌개 / 맛조개 : 구이, 국 / 망둥어 (9~10월)
- 개조개 / 고등어 : 구이, 조림 (9~10월)

**1월(왼쪽):**
- 동태 : 찌개
- 코다리 : 찜
- 광어 : 회, 탕
- 가자미 : 구이, 조림
- 홍어 : 찜, 무침, 회
- 삼치 : 구이, 조림
- 새우 : 구이, 튀김
- 재첩 : 국
- 양미리 : 조림
- 낙지 : 찜, 볶음
- 대구 : 전, 튀김, 탕
- 패주
- 아귀 : 찜
- 김 : 쌈, 냉국, 부각
- 미역 : 국, 초무침
- 굴 : 회, 국, 튀김, 전 (2~3월)
- 병어 : 조림
- 꼬막 : 찜

**9월~(오른쪽 위):**
- 꽃게 : 탕, 무침, 게장 (9~10월)
- 광어 : 회, 탕 (9~12월)
- 굴 : 회, 국, 튀김, 전
- 가자미 : 구이, 조림
- 홍어 : 찜, 무침, 회
- 삼치 : 구이, 조림 (10~11월)
- 새우 : 구이, 튀김
- 재첩 : 국
- 양미리 : 조림 (11~12월)
- 병어 : 조림
- 정어리 : 조림

**12월:**
- 동태 : 찌개
- 코다리 : 찜
- 낙지 : 찜, 볶음
- 대구 : 전, 튀김, 탕
- 패주
- 아귀 : 찜
- 김 : 쌈, 냉국, 부각
- 미역 : 국, 초무침
- 꼬막 : 찜

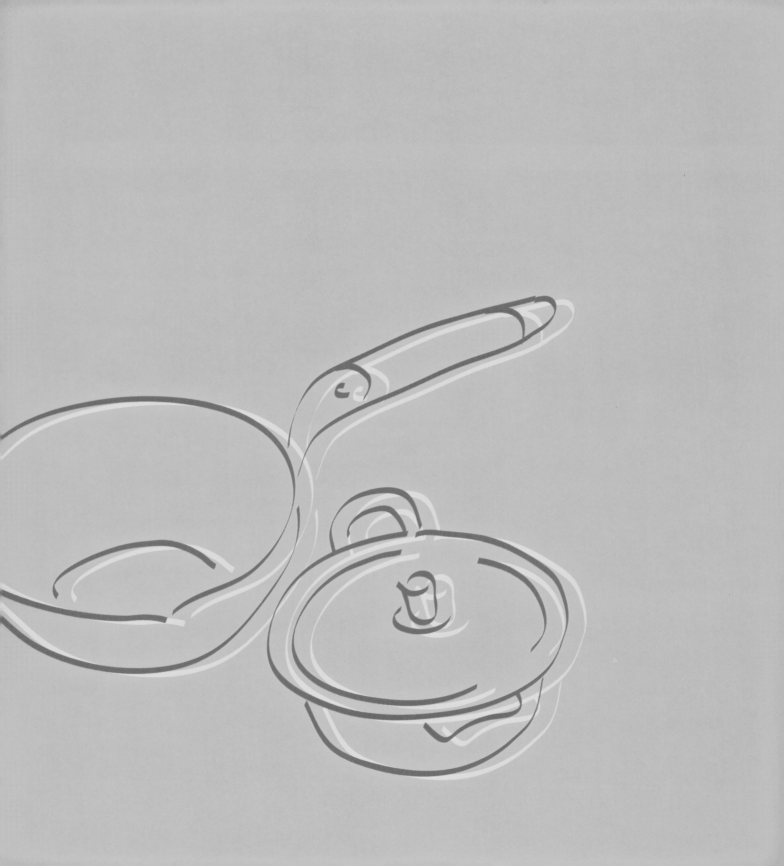

# Part 2
# 2,000원으로
# 간단 밥상 차리기

'2,000원으로 밥상을 차린다니 뻥이 너무 심하군' 이라는 생각으로 이 책을 펴

드셨을 거에요. 여기서 말하는 2,000원이란 김치랑 김 같은 기본 밑반찬은 냉장고에

있다는 전제 하에 주재료 값만 1인분에 2,000원이 넘지 않는 것을 말해요.

기본 반찬 놓고 달걀국 하나 끓여 상에 내도 바쁜 아침 한 끼 식사로는 부족함이

없죠. 흔하게 살 수 있는 달걀, 감자, 콩나물, 북어, 두부, 버섯, 미역, 된장, 밀가루

등을 이용해 빠르고 간편하게 해 먹을 수 있는 음식들을 만들어 보았어요.

초스피드 두분 완성 **달걀국**

국 없이는 밥을 먹지 못하는 사람들이 있지요?

저도 그 중에 한 사람인데요. 처음으로 소개할 음식은

국이 준비되지 않았을 때 두분 안에 끓여 내는 달걀국입니다.

## 재료 미리 준비하기 (2인분)

**주 재 료** : 달걀물
(달걀 4개에 참기름을 한 방울 넣고,
흰자와 노른자를 잘 섞어놓습니다.)

**부 재 료** : 양파(1줌), 청양고추, 붉은고추

**멸치다시마 국물** : 물(5컵), 국멸치(5마리),
다시마(사방 10cm 1장)

**양 념** : 다진 마늘(0.5), 국간장(2), 소금,
후춧가루, 참기름

**1** 찬물(5컵)에 다시마와 국멸치를 넣고
끓이다가 끓기 직전에 다시마만 건져내고,
5분 후 국멸치도 건져내고,

**2** 양파(1줌),
국간장(2) 넣고,

> **재료 더하기**
> 대파를 큼직하게 썰어 넣으면
> 파국이 되고, 조갯살을 넣으면
> 더 개운한 맛이 난답니다.

> **독신남의 어드바이스**
> 달걀물 젓는 것과 불 끄는 타이밍이
> 중요합니다. 달걀물을 부으면서
> 휘젓고 바로 불을 꺼야 부드러운
> 달걀국이 되지요.

**3** 달걀물을 원을 그리듯 부으면서 젓가락으
로 살살 휘저어 불에서 내리고, 다진 마늘
(0.5) 넣고 소금으로 간하고, 후춧가루와 참기
름을 넣고 마무리.

> **독신남의 요리 노트**

## 멸치다시마 국물 만들기

멸치다시마 국물은 미리 만들어
식혔다가 페트병에 담아 냉장 보
관해 두면 급할 때 편하게 사용할
수 있어요.
된장이나 고추장을 풀어서 끓이는
국이나 찌개에도 좋고, 시원하게
맑은 국물로 이용할 수도 있어요.

## 멸치다시마 국물 만드는 방법

**재료** : 물(1.5리터), 국멸치(1컵), 다시마(사방 10cm 2장)

**만드는 법**

**1.** 국멸치는 머리를 떼고 배를 갈라 내장을 빼고,

**2.** 마른 팬에 손질한 국멸치를 볶고,

**3.** 다시마는 젖은 행주로 닦고,

**4.** 찬물(1.5리터)에 국멸치와 다시마를 넣어 끓이고,

**5.** 물이 끓기 시작하면 다시마만 건져내고
(다시마를 계속 끓이면 끈끈한 액이 나오거든요),

**6.** 계속 5분 정도 은근한 불에 더 끓인 후 국멸치도 건져내고,

**7.** 식으면 체에 걸러 페트병에 담아 냉장고에 넣어 보관해요.
(유효기간은 일주일)

뜨거워도 차가워도 좋은 **콩나물국**

'나물이'라는 제 별명이 바로 이 콩나물에서 나왔는데요. 콩나물 한 가지면 끓여 먹고,
무쳐 먹고, 찜도 해 먹을 수 있지요. 그러고 보니 국, 반찬, 술안주에 해장까지... 팔방미인이
따로 없네요. 참, 콩나물을 넣어 끓인 라면도 별미예요. 아삭한 맛이 아주 일품이지요.

**1** 찬물(5컵)에 다시마와 국멸치를 넣어 끓이다가,

**2** 물이 끓기 시작하면 다시마를 건져내고, 국멸치는 5분 정도 은근한 불에 더 끓인 뒤 건져내고,

**재료 미리 준비하기 (2인분)**

**주 재료 :** 콩나물(2줌)

**부 재료 :** 대파, 청양고추, 붉은 고추

**멸치다시마 국물 :** 물(5컵), 국멸치(5마리), 다시마(사방 10cm 1장)

**양 념 :** 다진 마늘(0.3), 새우젓(1), 소금, 후춧가루

**독신남의 어드바이스**
뚜껑을 덮었다면 적어도 5분 동안은 중간에 뚜껑을 열지 마세요. 비린내가 나거든요. 뚜껑을 열어볼 바에는 차라리 처음부터 뚜껑을 닫지 않고 끓이는 게 낫습니다.

**3** 콩나물(2줌) 넣고 뚜껑을 덮은 뒤 5분간 더 끓이고,

**4** 다진 마늘(0.3), 새우젓(1) 넣고 소금으로 간하고,

**재료 더하기**
고춧가루(1)를 넣거나 소를 털어낸 김치를 송송 썰어 넣으면 얼큰하고 칼칼한 맛을 즐길 수 있지요.

**5** 청양고추, 붉은 고추, 대파 넣고, 후춧가루를 뿌리고 마무리.

**독신남의 요리 노트**

## 콩나물 알맞게 데치기

끓는 물에 콩나물을 넣고 뚜껑을 닫아 3~5분 정도 강한 불에서 익히고, 뚜껑이 심하게 움직이면 불을 끄고 그대로 5~10분 정도 뜸을 들이고, 찬물에 헹구어야 더 아삭거리고 향이 좋아요.

## 무엇을 만드느냐에 따라 콩나물 손질법이 다르다

**생채나 국을 할 때는** 꼬리를 다듬지 말고 그대로 사용해요. 콩나물은 머리와 꼬리에 영양이 많거든요.

**찜을 할 때는** 오래 끓여야 하는데, 콩나물을 오래 끓이면 꼬리가 질겨지기 때문에 꼬리 부분은 잘라내는 것이 좋아요.

**볶음을 할 때는** 머리를 떼고 조리해요. 자주 뒤적여서 콩나물 머리가 떨어지면 지저분해 보이거든요. 생선 매운탕이나 육류처럼 비린내가 나는 요리를 할 때도 머리를 떼고 조리해요. 콩나물 머리가 콩나물 비린내의 주범이랍니다.

# 해장을 위한 최고의 선택 복어국

복어 한 마리를 들고 어떻게 먹을까 고민해 보신 적 있나요?

복어찜을 해서 소주를 한 잔 할까? 골뱅이 무침을 해서 맥주를 한잔 할까?

술을 마신 다음 날에는 해장으로 복어국만한 것이 없지요.

**1** 북어포(2줌)는 찬물에 불린 다음,

**2** 불린 북어포는
물기를 짜고
들기름(2)을 둘러 타지 않게 볶아두고.

> 독신남의
> 어드바이스
> 들기름이 없으면 참기름으로
> 해도 상관없어요.

> 독신남의
> 요리 노트

## 해독 작용이 탁월한 명태

명태는 예로부터 술을 마시고 난 뒤 숙취 제거
음식으로 자주 쓰였다고 해요. 과학적으로도
메티오닌 같은 아미노산이 풍부해 해독 작용
이 탁월하고 혈압이 높아지는 것을 억제한답
니다.

## 북어포 무치기

**1.** 북어포(2줌)를 물에 불려서 꼭 짜고,
**2.** 진간장(2), 고추장(1), 설탕(1), 물엿(1), 다진 파(1),
　다진 마늘(0.5), 참기름, 깨 넣어 무치기.

**3** 찬물(5컵)에 다시마와
국멸치를 넣고 끓이다가 끓기 직전에
다시마만 건져내고, 5분 후 국멸치도 건져내고,

> 재료 더하기
> 여기에 콩나물도
> 넣으면 금상첨화!

**4** 볶은 북어포와 양파(1줌)를 넣어
끓이다가,

**5** 청양고추, 붉은 고추, 대파, 다진 마늘
(0.5) 넣고, 국간장(2), 소금으로 간하고,

**6** 두부 넣고, 원을 그리며 달걀물을 붓고,
살살 저음과 동시에 불 끄고 후춧가루
뿌려 마무리.

설렁탕 부럽지 않은 # 두부젓국

재료 미리 준비하기 (2인분)

주 재료 : 두부(½모), 애호박(1줌), 청양고추, 대파
양 념 : 새우젓(1), 고춧가루(0.5), 후춧가루
쌀 뜨 물 : 쌀을 씻어 첫 번째 물은 재빨리
           버리고, 세 번째 쌀을 씻어낸 물(5컵)

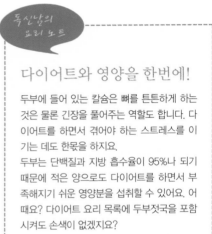

독신남의
요리 노트

## 다이어트와 영양을 한번에!

두부에 들어 있는 칼슘은 뼈를 튼튼하게 하는
것은 물론 긴장을 풀어주는 역할도 합니다. 다
이어트를 하면서 겪어야 하는 스트레스를 이
기는 데도 한몫을 하지요.
두부는 단백질과 지방 흡수율이 95%나 되기
때문에 적은 양으로도 다이어트를 하면서 부
족해지기 쉬운 영양분을 섭취할 수 있어요. 어
때요? 다이어트 요리 목록에 두부젓국을 포함
시켜도 손색이 없겠지요?

두부젓국은 재료를 손질할 필요없이 신속하게 끓여낼 수 있는 국이에요.
너무 간단해서 맛이 없을 것 같다고요?
천만의 말씀, 설렁탕이 부럽지 않은 든든한 맛을 경험해 보세요.

**1** 쌀뜨물(5컵)을 끓이고,

**2** 애호박(1줌), 두부(½모), 청양고추를
넣어 끓이다가,

**3** 대파 넣고 새우젓(1)으로
간하고 고춧가루(0.5),
후춧가루 뿌리고 마무리.

독신남의
어드바이스
새우젓은 간을 봐가며
알맞게 넣으세요.

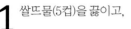

바다로 달려간 **모시조개국**

독신남의
요리 노트

### 조개류 보관하기

조개류는 구입한 즉시 연한 소금물에 담가 뚜껑을 덮고 실온에 6시간 이상 두어 해감을 토하게 하세요. 깨끗이 씻어서 한 번 먹을 분량으로 위생비닐에 담아 냉동실에 보관해 두었다가 조개 육수가 필요할 때 사용하면 좋아요.

시원하고 깔끔한 조개국은 술안주나 해장국으로도 손색이 없지요.
지친 몸을 다시 충전시켜 주는 모시조개국을 끓여보세요.

독신남의
어드바이스
연한 소금물은 물(5컵)에 굵은 소금(2)을 넣은 것을 말해요.

독신남의 어드바이스
모시조개 대신 바지락이나 홍합, 재첩으로 국을 끓여도 개운한 맛을 느낄 수 있어요.

재료 더하기
무를 썰어 넣으면 국물이 더욱 시원하지요.

재료 더하기
그릇에 담을 때 쑥갓, 부추를 넣으면 맛과 영양이 더욱 풍부해진답니다.

**1** 조개를 연한 소금물에 담가 뚜껑을 덮고 실온에 6시간 이상 두어 해감을 토하게 하고,

**2** 끓는 물(5컵)에 깨끗이 씻은 조개를 넣어 입이 벌어질 때까지 끓이고,

**3** 대파와 고추를 송송 썰어 넣고 다진 마늘(0.5), 생강가루(0.3)도 넣고 소금으로 간하고 후춧가루 뿌리고 마무리.

입안 가득 부드러운 **감자국**

감자는 장을 볼 때 무작정 장바구니에 담아도 쓰임새가 무궁무진해서 썩힐 염려가 없는
만점짜리 재료랍니다. 특히 감자국은 후닥닥 끓여
한 끼 든든하게 해결할 수 있는 음식이지요.

재료 미리 준비하기 (2인분)

**주 재 료 :** 감자(2줌), 쇠고기(1줌), 대파
**멸치다시마 국물 :** 물(5컵), 국멸치(5마리),
　　　　　　　　다시마(사방 10cm 1장)
**양 념 :** 국간장(1), 다진 마늘(0.5), 생강가루(0.3),
　　　　소금, 후춧가루, 참기름

**1** 한 입 크기로 썬 감자를 찬물에 잠시 담가 끈끈한 녹말을 빼내고,

**2** 팬에 참기름(1)을 두르고 감자(2줌)와 쇠고기(1줌)를 볶아놓고,

**3** 찬물(5컵)에 다시마와 국멸치를 넣고 끓이다가 끓기 직전에 다시마만 건져내고, 5분 후 국멸치도 건져내고,

독신남의
어드바이스

거품이 생기면 걷어내고,
감자는 너무 푹 익으면 부서지니까
적당히 익히세요.

**4** 볶은 감자와 쇠고기를 넣어 끓이고,

**5** 국간장(1), 다진 마늘(0.5), 생강가루 (0.3)를 넣고 소금, 후춧가루로 간하고, 대파 넣고 마무리.

독신남의
요리 노트

## 다이어트에 좋은 감자스프

감자는 탄수화물 식품 중 칼로리가 높지 않은 알칼리성이고, 비타민 B와 C, 무기질 등이 풍부하게 들어있어요. 비타민 A가 부족하기 때문에 우유와 같이 조리하면 좋은데 이 때 저지방 우유를 사용하면 다이어트에 도움이 된답니다. 다이어트를 하다 보면 영양 불균형이나 수분 부족으로 변비에 걸리기 쉽고, 변비에 걸리면 피부 트러블이 나기 마련이지요. 감자는 변비 예방과 치료에 도움을 주고 콜라겐이 많아 피부를 탄력 있고 매끄럽게 해준답니다.

**만들기**
1. 냄비에 버터(1)를 녹인 후 잘게 썬 감자(1줌), 양파(½줌)를 볶고,
2. 물(2컵)을 부어 감자와 양파가 익도록 푹~ 끓이고,
3. 익은 감자와 양파를 체에 내리거나 믹서에 갈아 죽처럼 만들고,
4. 죽처럼 만든 것에 우유(1컵)를 넣어 조리고 소금, 후춧가루로 간하고 마무리.

# 얼큰한 버섯감자국

어느날 냉장고를 열어보니 감자가 무지막지하게 싹을 틔우고 있더군요.

그래서 버섯감자국으로 다시 태어나게 해주었지요.

재료 미리 준비하기 (2인분)

주 재 료 : 감자(2줌), 느타리버섯(1줌),
　　　　　쇠고기(불고기감 1줌)
부 재 료 : 고추기름(2), 다시마(사방 10cm 1장),
　　　　　국멸치(5마리), 대파, 양파, 청양고추,
　　　　　붉은 고추
양 념 장 : 국간장(1)+맛술(1)+고춧가루(1)+
　　　　　생강가루(0.5)+다진 마늘(0.5)

**독신남의
요리 노트**

## 싹이 난 감자는 먹지 마세요

감자에 들어 있는 칼륨은 천식이나 비염, 두드
러기 등이 잦은 알레르기 체질의 균형을 잡아
주는 역할을 합니다. 게다가 감자 요리는 포만
감은 높으나 열량이 적은 식품이라 비만 예방
에도 그만이지요.

감자에는 비타민 C와 B1이 풍부한데 생채소
만으로 섭취하기 어려운 양도 감자로는 쉽게
섭취할 수 있어 더욱 좋아요. 전분에 둘러 싸
여 있어 열에도 쉽게 파괴되지 않는 감자의 비
타민 C는 체내 철분 흡수를 돕고 인슐린 분비
를 원활하게 하지요. 다이어트를 원하는 여성
이나 빈혈이 있는 사람, 당뇨 환자에게 감자를
적극 권하는 이유가 여기에 있어요.

소화성 궤양일 경우 소량이지만 감자의 아트
로핀이 경련을 가라 앉히는 작용을 하고 위산
분비를 억제해 주므로 신선한 감자 생즙을 공
복에 복용하면 매우 효과적이고, 변비가 심할
때에도 감자 생즙을 먹으면 좋답니다.

**다만 감자 싹에는 쏠라닌이라는 독성분이 있
으므로 싹과 함께 녹색으로 변한 부분도 함께
제거하고 조리하는 것이 좋아요.**

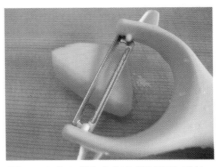

**1** 필러 양쪽에 튀어나온 부분으로 감자
싹을 파내고,

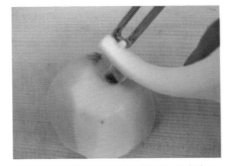

**2** 모서리도 다듬어야 보기도 좋고, 부서
지지 않아요.

**3** 다듬은 감자
를 찬물에 담가
끈끈한 전분을 씻어내고,

**독신남의
어드바이스**
물에 담가두면 잠시 뒤 뽀얀 전분
(녹말)이 나와요. 고구마나 감자는
이 전분을 빼고 조리해야
깨끗합니다.

**4** 고추기름(2)을 두르고 주걱으로 뒤적이
며 감자(2줌)를 볶아두고,

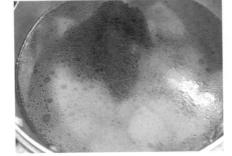

**5** 물(5컵) 붓고, 다시마와 국멸치 넣어
끓이다가 다시마와 멸치는 건져내고,

**6** **양념장** 넣어 양념하고, 쇠고기, 느타리
버섯, 대파, 양파, 청양고추, 붉은 고추
넣어 끓이다가 소금 간 하고 후춧가루 뿌리고
마무리.

# 향긋한 시골 맛 아욱국

시원하고 개운한 맛 때문에 아침에 즐겨 먹는 국입니다.
아욱의 부드러움과 보리새우의 향긋함이 입안에 돌면
하루의 시작이 가뿐하지요.

**1** 아욱은 줄기를 꺾어 잡아당겨 껍질을 벗기고,

**2** 행주 빨듯이 바락바락 주물러 녹색 물이 빠지도록 씻고,

> 독신남의 어드바이스
> 이렇게 씻지 않으면 풋내가 나요.

---

독신남의 요리 노트

### 변비에 좋은 동규자차

동규자는 아욱씨를 말하는데 살짝 볶아서 물에 타 마시면 요도 질환과 변비에 효과가 있다고 해요. 혈중독소를 없애는 성질도 있어 다이어트에도 도움이 되지요. 하지만 장이 좋지 않아 자주 설사를 하는 사람이나 임산부는 절대 금해야 합니다.

### 비타민이 많은 아욱무침

비타민 함량이 시금치의 2배나 되는 아욱은 여름이 제철이에요. 국을 끓여도 좋고, 잎을 데쳐서 된장, 국간장, 들깨가루, 들기름으로 무쳐 먹어도 좋지요.

### 피부가 거친 사람은 근대국을

근대국은 아욱 대신 근대를 사용한다는 것만 빼고 아욱국과 끓이는 방법이 같아요.
무더위로 지친 여름, 저녁에 된장을 풀어 시원하게 근대국을 끓여 먹으면 원기를 되찾을 수 있어요. 위와 장을 튼튼하게 해주며 어린이 성장 발육이 부진할 때에도 자주 근대국을 끓여 먹으면 효과가 있다고 해요. 또 근대국에는 비타민 A가 풍부해서 밤눈이 어두운 사람이나 피부가 거친 사람에게 매우 효과적이랍니다.

---

**3** 쌀뜨물(5컵)에 다시마와 국멸치를 넣고 끓이다가 끓기 직전에 다시마만 건져내고, 5분 뒤 국멸치도 건져내고,

**4** 된장(2), 고추장(0.3)을 체에 걸러 풀고,

> 독신남의 어드바이스
> 쌀뜨물에는 전분질이 많아 열을 가하면 입자를 균일한 용액으로 만들어줍니다. 쌀뜨물에 된장을 넣으면 입자가 골고루 퍼져 맛이 더해지죠.

---

**5** 건새우와 아욱을 넣어 잎이 누렇게 될 때까지 끓이다가,

> 재료 더하기
> 모시조개나 냉동 새우를 넣어도 좋아요.

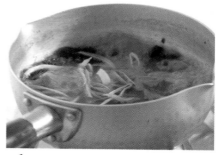

**6** 양파, 대파를 넣고 국간장(1), 소금으로 간하고 마무리.

구수하고 부드러운 **시금치토장국**

시금치로 된장국을 끓이면 구수하면서도 부드러운 맛이
토장국으로 향하는 숟가락을 멈출 수 없게 만들지요.

**1** 찬물(5컵)에 다시마, 국멸치를 넣어
5분간 은근히 끓이다가 건져내고,

**2** 된장(1), 고추장(1) 풀고,

독신남의 어드바이스
시금치를 끓일 때는
뚜껑을 열고 끓여야 몸에서
독이 되는 수산이 휘발되어
좋답니다

**3** 데친 시금치(2줌)와 바지락(1줌) 넣어
끓이고,

**4** 청양고추, 붉은 고추, 대파, 다진 마늘
(0.5) 넣고,

**5** 국간장(1), 소금으로 간하고 마무리.

독신남의
요리 노트

## 갖가지 토장국

무청이나 시래기(무청 말린 것)를 이용해서 토장국을 끓여도 좋아요.
무청이나 시래기는 시금치보다 오래 삶아야 하는데 특히 시래기를 이용할 때는
푹 삶아 찬물에 우려야 부드럽고 구수한 맛을 낼 수 있어요.

### 시래기
겨울에 김장하고 남은 무청을 소금물에 삶아서 빨래 건조대 같은 것에 넣어 겨
우내 말려 시래기를 만들어요. 토장국을 끓여도 맛있고, 정월 대보름에 나물로
먹어도 맛있지요.

### 우거지
배추의 바깥쪽 건녹색 부분을 훑어낸 잎을 우거지라 하지요. 질긴 우거지는 삶
아서 우거지국을 끓입니다.

### 얼갈이
이른 봄에 딱딱하게 언땅을 대충 갈아 심었다 해서 얼갈이 배추라고 하지요. 그
여린 배추로 여름에 겉절이를 해먹기도 하고, 얼갈이김치도 담는답니다.

# 부드럽고 시원한 배추속대국

재료 미리 준비하기 (2인분)

**주 재 료** : 배추속대(2줌). 대파
**멸치다시마 국물** : 물(5컵), 국멸치(5마리),
　　　　　　　　　　다시마(사방 10cm 1장)
**양 념** : 된장(2), 국간장(1), 소금

입안에서 살살 녹는 부드러운 배추와 맑게 끓인 된장 국물이
가슴 속까지 시원하게 해주지요.

**재료 더하기**
무, 대파, 양파, 당근 등등 자투리
야채가 있으면 같이 넣고 끓이세요.
국물이 더 시원해진답니다.

**1** 물(5컵)에 다시마와
국멸치를 넣고 끓이다가 끓기 직전에
다시마만 건져내고, 5분간 은근히 더 끓이
다가 국멸치도 건져내고,

**2** 배추속대(2줌)를 넣어 푹 끓이고,

**3** 된장(2)을 체로 곱게 풀고,

**재료 더하기**
들깨가루(1)를
넣으면 더욱
고소해요

**4** 대파 넣고 국간장(1), 소금으로 간하고
마무리.

시원하게 해장하는 **콩나물국밥**

**재료 미리 준비하기 (2인분)**

**주 재 료 :** 콩나물(1줌), 김치(1줌), 물(5컵)
**부 재 료 :** 무(1줌), 다시마(사방 10cm 1장),
　　　　　　국멸치(5마리), 청양고추, 붉은 고추,
　　　　　　대파, 양파
**양　　념 :** 새우젓(1), 국간장(1), 다진 마늘(0.5),
　　　　　　후춧가루

콩나물국밥은 국물이 시원해서 계속 떠먹게 되지요.
밥을 말아 한 술 뜨면 든든하게 해장도 된답니다.

**1** 물(5컵)에 무(1줌), 다시마(사방10cm
1장), 국멸치(5마리)를 끓여 국물을 내고,

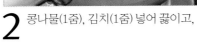

**2** 콩나물(1줌), 김치(1줌) 넣어 끓이고,

**3** 고춧가루(1), 청양고추, 붉은 고추,
대파, 양파 넣어 끓이고,

**4** 다진 마늘(0.5), 새우젓(1), 국간장(1)으
로 간하고, 후춧가루 뿌려 마무리.

# 칼칼한 경상도식 쇠고기무국

경상도에서는 쇠고기무국에 고춧가루와 콩나물을 넣는다고 해요.
무가 제철인 늦가을에 쇠고기 무국을 끓여보세요.
얼큰하고 칼칼한 맛이 소주 한 잔을 생각나게 한답니다.

**1** 참기름(1) 두르고 쇠고기를 살짝 볶고,

독신남의
어드바이스
무는 단맛이 도는
늦가을 무가 좋아요.

**2** 무(1줌)를 넣어 같이
볶고, 고춧가루(1) 넣어 물들이고,

**3** 멸치다시마 국물(5컵) 붓고 무가 물러질
때까지 은근히 끓이고,

재료
더하기
느타리버섯을
넣어도 좋아요.

**4** 콩나물(1줌), 대파 넣어 끓이고,

독신남의
요리 노트

### 얼큰한 오징어무국

쇠고기와 콩나물 대신 오징어와 애호박을 넣
어 끓이는 오징어무국도 얼큰하고 좋아요.
무를 참기름에 볶고 멸치다시마 국물을 부은
다음 오징어와 애호박을 넣어 끓이면 되지요.

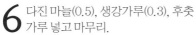

**5** 국간장(2), 소금으로 간하고,

**6** 다진 마늘(0.5), 생강가루(0.3), 후춧
가루 넣고 마무리.

내 생일은 내가 챙기자 **미역국**

독신 생활을 하는 사람들은 매년 자신의 생일을
스스로 챙겨야 하는 숙제를 떠안게 되는데요.
혼자 살더라도 생일날 아침에는 꼭 미역국을 끓여 자축하도록 합시다.

재료 미리 준비하기 (2인분)

**주 재료 :** 불린 미역(2줌), 쇠고기(양지머리 1줌)
**고기 양념 :** 진간장(0.5), 다진 마늘(0.5),
참기름(0.5), 후춧가루
**양 념 :** 국간장(1), 소금

**1** 쇠고기(양지머리 1줌)를 찬물에 담가
팟물을 빼고,

독신남의
어드바이스
거품은 걷어내고,
물이 줄면 조금씩 보충해
주세요.

**2** 끓는 물에 팟물 뺀
쇠고기를 넣어 3시간 동안 삶고,

독신남의
요리 노트

## 깔끔하고 개운한
## 4가지 맛 미역국

쇠고기가 들어가는 미역국이 느끼해서 싫으신
분들은 다양한 방법으로 미역국을 끓여보세
요. 깔끔하고 개운한 맛을 느낄 수 있어요.

● 조갯국에 미역을 넣으면 **조개미역국**
● 쇠고기 대신 건새우를 넣으면 **건새우미역국**
● 닭백숙에 미역을 넣으면 **닭살미역국**
● 미역국에 호박죽에 넣는 새알심을 넣으면
  **새알심미역국**

## 미역과 파는 왜 상극일까?

파에 있는 인과 유황이 미역에 있는 칼슘을 파
괴해서 체내 흡수를 방해하기 때문이지요.

독신남의
어드바이스
마른 미역은 불리면 10배로
늘어난다는 사실,
잊지 마세요.

**3** 마른 미역을
찬물에 10분간
불리고,

**4** 삶은 쇠고기는 결대로 찢어 진간장(0.5),
다진 마늘(0.5), 참기름(0.5), 후춧가루
넣어 조물조물 무친 뒤 볶고,

**5** 불린 미역(2줌)도 넣어 볶고,

독신남의
어드바이스
미역과 대파는 상극이기 때문에
미역국에는 파를 절대
넣지 않지요.

**6** 쇠고기 삶은 물
(5컵)을 부어 4분간
끓이고, 국간장(1), 소금으로 간하고 마무리.

# 가슴 속까지 시원한 오이미역냉국

재료 미리 준비하기 (2인분)

주 재 료 : 불린 미역(1줌), 오이(1줌)
양    념 : 식초(3), 설탕(2), 국간장(1), 다진 마늘
          (0.3), 고춧가루(0.3), 깨(0.3), 소금
멸치다시마 국물 : 물(5컵), 국멸치(5마리),
                 다시마(사방 10cm 1장)

더위에 지쳐 식욕이 떨어질 때,
시원한 냉국을 한 모금 마시면 식욕이 되살아나지요.

**1** 물(5컵)에 다시마와 국멸치를 넣고 끓이
다가 끓기 직전에 다시마만 건져내고,
5분 뒤 국멸치도 건져내고 끓인 물을 차게
식히고,

**2** 마른 미역은 찬물에 불리고, 뜨거운 물에
한 번 담고, 다시 찬물로 씻어놓고,

**3** 오이는 채 썰고, 오이와 미역에 식초(3),
설탕(2), 국간장(1), 다진 마늘(0.3),
고춧가루(0.3), 깨(0.3) 넣고, 소금으로 간하
여 무치고,

**4** 시원한 멸치다시마 국물을 붓고, 얼음
띄워 마무리.

재료 미리 준비하기 (2인분)

**주 재 료 :** 바지락(1줌), 두부(½모)

**부 재 료 :** 애호박(1줌), 양파(1줌), 표고버섯,
청양고추, 붉은 고추, 국멸치(5마리),
다시마(사방 10cm 1장)

**쌀 뜨 물 :** 쌀을 씻어 첫 번째 물은 재빨리 버
리고, 세 번째 쌀을 씻어낸 물(5컵)

**양 념 :** 된장(4), 고추장(0.5), 고춧가루(0.5)

혼자 먹는 밥상에 가장 만만한 식단은 된장찌개예요.
하지만 이 간편한 된장찌개에도 영양이 가득하다는 사실, 알고 계시죠?

**1** 쌀뜨물(5컵)에 다시마와 국멸치를 넣고
끓이다가 끓기 직전에 다시마만 건져내고,
5분 뒤 국멸치도 건져내고,

**2** 된장(4), 고추장(0.5)을 체에 내려 곱게
풀고,

**3** 바지락, 애호
박, 양파, 표고
버섯, 청양고추, 붉은 고추 순으로 넣어 끓이고,

> 재료 더하기
> 된장찌개에는 청양고추를 넣어야
> 제 맛이 납니다. 쇠고기를 넣으면
> 진한 맛이 더하고요.

**4** 거품은 걷어내고,
두부(½모) 넣고
고춧가루(0.5) 뿌려 마무리.

> 재료 더하기
> 된장찌개에는 마늘을 넣지 않아요.
> 마늘을 넣으면 된장 고유의
> 구수한 향이 사라지거든요.

# 쓱쓱쓱쓱 맛있게 비벼 먹는 강된장찌개

자장? 마파두부? 오No~

고품격 강된장의 맛과는 비교도 안 됩니다.

보리밥을 호박잎에 싸서 강된장에 푹 찍어 먹는 그 맛이란!

## 재료 미리 준비하기 (2인분)

**주 재 료** : 쇠고기(½줌), 말린 표고버섯(½줌)

**부 재 료** : 양파, 대파, 청양고추, 붉은 고추, 두부

**찌 개   양 념** : 된장(3), 고추장(1)

**고 기   양 념** : 진간장(0.5), 설탕(0.5), 꿀(1),
　　　　　　　참기름(1), 후춧가루, 깨

**멸치다시마 국물** : 쌀뜨물(2컵), 국멸치(3마리),
　　　　　　　다시마(사방 5cm 1장),

**쌀 뜨 물** : 쌀을 씻어 첫 번째 물은 재빨리
　　　　　　　버리고, 세 번째 쌀을 씻어낸 물

**1** 쌀뜨물(2컵)에 말린 표고버섯, 국멸치,
다시마를 넣어 30분 동안 우리고,

**2** 표고버섯은 건져내고 20분간 더 끓여두고,

> 독신남의
> 어드바이스
> 돼지고기나 오징어를
> 넣어도 좋아요.

**3** 쇠고기(½줌), 표고버섯
(½줌)에 진간장(0.5), 설탕(0.5), 꿀(1),
참기름(1), 후춧가루, 깨를 넣어 조물조물
무쳐 뚝배기에 넣어 볶고,

**4** 된장(3), 고추장(1)을 넣고, 2를 부어
약한 불에 끓이고,

**5** 양파, 대파, 청양고추, 붉은 고추, 두부
순으로 넣고 마무리.

---

> 독신남의
> 요리 노트

### 강된장이란?

흔히 안주 없이 술을 마실 때 '깡소주'를 마신다고 하지요? 깡소주는 강소주를 좀더 강조한 말이예요.
'강–'은 명사 앞에 붙어서 '아주 호되거나 억척스러움'이나 '그것으로만 이루어진'이라는 의미를 갖는 접두사예요.
강된장의 '강'도 같은 의미의 접두사로, 강된장은 '국물이 별로 없이 된장만 진하게 풀어 바특하게 끓여낸다'는 뜻이
지요.

이 밖에 재미있는 음식 용어 중에 '강다짐'이라는 말이 있는데 강다짐은 '밥을 국이나 물에 말지 않고 그냥 먹음', '까
닭 없이 억눌러 꾸짖음', '억지로 남을 함부로 부림' 등 세 가지 뜻을 갖고 있어요. 이 말은 "강다짐으로 한술 떠먹고
나가다", "일을 강다짐으로 시키면 쓰나" 등의 표현으로 쓰이지요.

# 청국장 찌개

찬바람이 불기 시작하면 골목골목 엄습해 오는 진한 냄새가 있습니다. 바로 청국장찌개!
남들은 이 냄새가 싫다고 하지만 저는 어찌나 정겨운지 아무 집 대문이나 열고 들어가도
넉넉한 미소를 머금은 아주머니가 따뜻한 찌개 한 그릇 내줄 것만 같답니다.

## 재료 미리 준비하기 (2인분)

**주 재 료** : 배추김치(1줌), 돼지고기(삼겹살 1줌)

**부 재 료** : 두부(⅓모), 대파,
　　　　　붉은 고추, 청양고추

**양 념** : 청국장(3), 다진 마늘(0.5), 참기름(0.5)

**멸치다시마 국물** : 쌀뜨물(3컵), 국멸치(5마리),
　　　　　다시마(사방 10cm 1장)

**쌀 뜨 물** : 쌀을 씻어 첫 번째 물은 재빨리
　　　　　버리고, 세 번째 쌀을 씻어낸 물(3컵)

**1** 쌀뜨물(3컵)에 다시마와 국멸치를 넣고
끓이다가 끓기 직전에 다시마만 건져내고,
5분 뒤 국멸치도 건져내고,

**2** 배추김치(1줌), 돼지고기(삼겹살 1줌)
넣어 끓이고,

**3** 청국장(3), 대파,
붉은 고추, 청양고추
넣고,

> **재료 더하기**
> 애호박이나 팽이버섯이
> 뒹굴고 있으면
> 아낌없이 넣어주세요.

**4** 두부(⅓모), 다진
마늘(0.5), 참기름(0.5) 넣고 마무리.

> **독신남의 어드바이스**
> 청국장은 강한 불에
> 빨리 끓여야 영양 손실이
> 적습니다.

**5** 상추, 애호박나물, 콩나물, 무생채, 표고
버섯, 열무김치와 함께 비벼먹으면 그만
이지요.

---

> **독신남의 요리 노트**

### 청국장 보관하기

청국장은 오래 두면 변질되기 쉬워 주로 겨울철에 먹습니다. 장기 보관할 경우에
는 청국장을 한 덩어리씩 위생비닐에 담아 냉동실에서 보관하면 되지요. 이렇게
냉동 보관된 청국장을 실온에서 1~2시간 정도 자연 해동하면 원래의 청국장과 같
은 향과 맛을 냅니다.

### 청국장 만들기

**재료** : 메주콩(4줌)　**부재료** : 물(4컵), 콩가루(½컵), 청양고추, 붉은 고추
**양념** : 소금(4), 고춧가루(4), 다진 마늘(2), 다진 파(2)

**1.** 메주콩은 좋은 것으로 골라 반나절 이상 충분히 물에 불리고,

**2.** 냄비에 물과 콩을 넣고 콩이 완전히 익을 정도로 푹 끓이고,

**3.** 콩이 눌지 않도록 끓이다가 약간 붉은 빛이 돌면서 잘 뭉그러지면 소쿠리에 쏟
아 물기를 빼고,

**4.** 삶은 콩을 거즈로 덮거나 짚을 몇 가닥씩 깔면서 퍼담아 60℃까지 식힌 다음 따
뜻한 곳에 놓고 담요나 이불을 씌워 45℃로 보온하면 누룩곰팡이가 번식해 발
효 물질로 변합니다. 누룩곰팡이는 40~45℃에서 잘 자라며, 단백질 분해 효소
가 있어 소화율이 높지요. 이 곰팡이는 공기 중에도 많이 있지만 볏짚에 많이 들
어 있으므로 청국장을 띄울 때 콩 사이사이에 볏짚을 넣고 띄우면 좋답니다.

**5.** 2~3일 뒤 끈끈한 실이 생긴 발효된 콩을 절구로 찧고,

**6.** 찧은 콩에 볶은 콩가루, 마늘을 넣고 잘 섞고,

**7.** 고춧가루, 소금, 대파를 넣고 다시 잘 섞습니다.

**8.** 이제 청국장을 항아리에 꾹꾹 눌러 담고 겨울 내내 두고두고 먹으면 되지요.

# 바람 솔솔 부는 날엔 순두부찌개

찬바람이 솔솔 불어오면 따끈한 순두부찌개로 외로움을 달래곤 하지요.

조미료 맛이 강한 식당 찌개와는 차원이 다른,

향긋한 고추기름과 시원한 바지락 맛을 살린 순두부찌개를 끓여보세요.

재료 미리 준비하기 (1인분)

**주 재 료** : 순두부(1컵), 바지락(1줌),
　　　　　 돼지고기(½줌)

**부 재 료** : 붉은 고추, 청양고추, 대파,
　　　　　 달걀 노른자

**양 념** : 고춧가루(1), 다진 마늘(0.5), 생강가루(0.3),
　　　　 국간장(1), 새우젓, 참기름, 후춧가루

**멸 치 다 시 마 국 물** : 물(1컵), 국멸치(3마리),
　　　　　　　　　 다시마(사방 5cm 1장)

**고 추 기 름** : 식용유(4), 고춧가루(1)

독신남의
요리 노트

## 고추기름 만들기

기름을 많이 쓰는 음식에 고추기름을 넣으면
매콤하면서 느끼하지 않아 좋아요. 살 수도 있
지만 집에서 만들면 더욱 좋지요.

**1.** 식용유(4)에 고춧가루(1)를 넣어 끓이다가
　　향긋한 고추 향이 나면

**2.** 체에 걸러 맑고 빨간 기름만 따라내면 됩니다.

**1** 물(1컵)에 다시마와 국멸치를 넣고 끓이
다가 끓기 직전에 다시마만 건져내고,
5분 후 국멸치도 건져내고,

**2** 뚝배기에 고추기름(2) 두르고 돼지고기
(½줌) 넣어 볶고,

**3** 준비해 둔 멸치다시마 국물(1컵)을 부어
끓이고,

재료 더하기
김치를 넣어도
좋지요

**4** 바지락(1줌), 순두부
(1컵), 붉은 고추, 청양고추, 대파 순으로
넣어 끓이고,

**5** 고춧가루(1), 다진 마늘(0.5), 생강가루
(0.3) 넣고 국 간장(1), 새우젓으로 간하고,

**6** 달걀 노른자 한 개 올리고, 참기름, 후춧
가루 넣고 마무리.

# 모아모아 부대찌개

부대찌개는 햄을 중심으로 한 잡탕찌개라고 할 수 있어요.

냉장고에 남은 음식을 모아모아 잡다하게 넣고 끓이면 되지요.

맛의 비밀은 스팸과 캔 콩에 있답니다.

## 재료 미리 준비하기 (2인분)

**주 재 료** : 배추김치(1줌), 스팸(1줌), 소시지(1줌), 라면 사리

**부 재 료** : 다진 돼지고기(1줌), 캔 콩(2), 가래떡(1줌), 팽이버섯, 치즈, 대파, 청양고추, 붉은 고추

**양 념 장** : 고춧가루(2)+국간장(1)+맛술(1)+ 다진 마늘(1)+다진 파(0.5)+ 생강가루(0.3)+후춧가루

**멸치다시마 국물** : 물(5컵), 국멸치(5마리), 다시마(사방 10cm 1장)

**독신남의 어드바이스**
멸치다시마 국물 대신 닭 삶은 육수를 사용해도 좋아요.

**1** 물(5컵)에 다시마와 국멸치를 넣고 끓이 다가 끓기 직전에 다시마만 건져내고, 5분 후 국멸치도 건져내고,

**2** 멸치다시마 국물과 주재료, 부재료, 양념장을 준비하고,

**독신남의 어드바이스**
라면 스프를 넣어 맛을 내도 좋아요.

**3** 준비한 재료와 양념 장을 담고 멸치다시마 국물을 부어 끓이고,

**4** 물이 끓으면 라면 사리, 치즈 한 장 올리 고 마무리.

**독신남의 요리 노트**

## 부대찌개의 맛을 살려라

### 캔 콩

캔 콩은 자주 먹는 음식이 아니라 선뜻 사기가 쉽지 않지요. 하지만 부대찌개를 끓일 때 큰마음 먹고 캔 콩을 구입해 보 세요. 토마토 케첩에 조린 콩 맛이 부대찌개의 국물과 어우 러져 부대찌개의 맛을 한 차원 업그레이드시켜 줄 겁니다.

### 스 팸

부대찌개를 끓일 때에는 꼭 스팸을 사용하지 요. 왠지 다른 햄은 그 맛을 내지 못하는 것 같 아요. 스팸은 그냥 구워서 뜨거운 밥에 얹어 먹어도 밥 한 그릇을 뚝딱 해치우는 밥도둑이 지요. 스팸과 양파를 잘게 썰어서 볶고 달걀(1 개)에 우유(3), 소금, 후춧가루를 넣고 풀어 달 걀물을 만들어 볶은 스팸과 양파에 넣어 부드럽게 익혀 먹어도 맛있지요. 먹고 남은 스팸은 위생봉지에 싸서 냉동 보관해두세요. 냉동해도 자르기 쉽고, 다양하 게 응용할 수 있는 든든한 식재료랍니다.

# 손발이 오므라져 오므라이스

오므라이스를 토마토 케첩에 밥 비벼 먹기라고 생각하세요?

이왕이면 케첩과 함께 해시드라이스 소스를 곁들여 보세요.

진정한 오므라이스의 맛을 느낄 수 있답니다.

재료 미리 준비하기 (1인분)

주 재 료 : 밥(1공기), 달걀(2개), 토마토 케첩(3)
부 재 료 : 양파(1줌), 당근, 푸른 피망, 붉은 피망,
          햄, 스위트콘(캔 옥수수)

**독신남의
요리 노트**

## 해시드라이스 소스 만들기

우리가 흔히 접하는 옛날 돈까스 소스인데요.
정식으로 만들자면 너무 복잡하니까, 간편하
면서도 그 맛을 살릴 수 있는 방법을 소개합
니다.

**해시드라이스 소스 :** 물(1컵), 크림스프가
루(2), 토마토 케첩(4), 우스터 소스(2), 양파
즙(2), 설탕(0.5), 소금, 후춧가루

**1.** 물, 크림스프가
루, 토마토 케첩, 우
스터 소스, 양파즙,
설탕, 후춧가루, 소
금 준비하고,

**2.** 물(1컵)에 크림
스프가루(2)를 넣어
끓이고,

**재료 더하기**
사과즙(1),
월계수잎(1장)을 넣으면
더욱 좋아요.

**3.** 토마토 케첩(4),
우스터 소스(2), 양
파즙(2), 설탕(0.5)
넣어 끓이고,

**4.** 소금, 후춧가루
로 간하고 마무리.

**1** 달걀(2개) 풀어 준비하고, 양파, 당근,
피망, 햄을 스위트 콘 크기로 잘라두고,

**2** 버터 또는 식용유 두르고 양파, 당근,
피망, 햄, 스위트 콘 순으로 볶고,

**3** 밥 한 공기 넣고, 토마토 케첩(3) 넣어
다시 볶고,

**4** 밥을 볶은 팬은 한쪽으로 두고,

**5** 다른 팬에
달걀물을
풀어 익히고, 볶은밥을 얹고,

**독신남의
어드바이스**
팬에 두른 식용유를 키친타월로
한 번 닦고, 약한 불에서 서서히
익혀야 예쁜 지단을 만들 수
있답니다.

**6** 마지막으로 휙 뒤집어
마무리.

**독신남의
어드바이스**
상에 낼 때 칼집을
넣으면 먹기
편하지요.

# 굴소스새우볶음밥

냉장고에 자투리 재료가 많을 때는 냉장고 청소도 할 겸 볶음밥을 해먹는 게 딱이지요.
해시드라이스 소스와 매시드포테이토를 곁들여서
업그레이드된 볶음밥을 만들어보세요.

## 재료 미리 준비하기 (1인분)

**주 재료 :** 밥(1공기), 냉동 새우(1줌)

**부 재료 :** 달걀, 양파, 당근, 푸른 피망,
붉은 피망, 대파, 마늘

**양  념 :** 굴 소스(1)

**해시드라이스 소스 :** 물(1컵)+크림스프가루(2)
+토마토 케첩(4)+우스터
소스(2)+양파즙(2)+설탕
(0.5)+소금+후춧가루

**1** 식용유(1)
두르고 대파,
마늘을 볶아 향을 내고,

> **독신남의 어드바이스**
> 그냥 식용유를 사용해도 좋지만 대파와 마늘을 볶아서 식용유에 향을 더하면 볶음밥이 느끼하지 않아 좋아요

**2** 양파, 당근, 푸른 피망, 붉은 피망, 새우를
볶다가 밥(1공기) 올리고 굴 소스(1)로
간하고,

**3** 볶음밥은 한쪽
으로 밀어두고,
달걀(1개) 깨뜨리고,

> **재료 더하기**
> 볶음밥은 냉장고 청소용이니까 오징어, 햄, 베이컨, 스위트콘 등 있는 대로 몽땅 넣어주세요.

**4** 달걀이 익기 전에 휘저은
다음 모두 섞고 마무리.

> **재료 더하기**
> 김가루, 아몬드 슬라이스, 치즈를 넣어도 좋아요.

---

> **독신남의 요리 노트**

### 매시드포테이토 만들기

**재료 :** 삶은 감자(1줌), 마요네즈(1), 소금, 후춧가루

감자를 20분 동안 삶아 곱게 으깨고
마요네즈, 소금, 후춧가루를 넣어 섞
어주세요. 여기에 다진 당근, 맛살,
완두콩, 스위트콘을 추가해도 좋고,
단맛을 내고 싶다면 설탕을 조금 넣
어도 좋아요. 삶은 달걀 흰자를 곱게
다져 넣고, 노른자를 체에 내려 고명
으로 쓰면 더욱 예쁘겠지요.

### 치즈볶음밥

김치, 베이컨, 스위트콘을 볶다가 밥을 넣어 볶은 다음 김가루와 모짜렐라 치즈
를 넣어 볶으면 죽죽 늘어나는 치즈 고유의 고소한 맛이 일품인 치즈볶음밥이
되지요.

### 김치볶음밥

올리브유에 다진 마늘을 볶다가 김치, 야채, 햄, 고추가루를 약간 넣어 볶고, 밥
을 넣어 볶은 다음 우스터 소스와 토마토 케첩으로 간해서 먹어도 좋지요.

일본식 덮밥 규동

재료 미리 준비하기 (1인분)

**주 재 료** : 밥(1공기), 쇠고기(불고기감 1줌)
**부 재 료** : 양파, 달걀 노른자, 초생강
**양 념** : 물($\frac{1}{2}$컵), 진간장(4), 맛술(2), 설탕(2),
        생강가루(0.3), 후춧가루

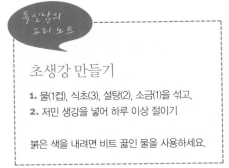

독신남의
요리 노트

## 초생강 만들기

**1.** 물(1컵), 식초(3), 설탕(2), 소금(1)을 섞고,
**2.** 저민 생강을 넣어 하루 이상 절이기

붉은 색을 내려면 비트 끓인 물을 사용하세요.

일본 음식 중에 밥 위에 뭔가 덮거나 뿌려 먹는 음식을 무슨 무슨 '동'
이라고 하는데 튀김(텐뿌라)을 얹으면 '텐동'이라고 하고, 쇠고기(규니꾸)
를 얹으면 '규동'이라고 하지요. 규동은 노른자를 살짝 터트려 먹는 맛이
환상이고, 초생강이 빠지면 무효입니다.

**1** 물($\frac{1}{2}$컵), 진간장(4), 맛술(2), 설탕(2),
생강가루(0.3)를 끓이고,

**2** 쇠고기(1줌), 양파 넣어 강한 불에 익히고,

**3** 밥에 고기를 얹고, 초생강과 달걀 노른자
를 곁들이고 마무리.

## 전기밥솥 콩나물밥

### 재료 미리 준비하기 (2인분)

**주 재 료 :** 쌀(1컵), 물(1컵), 콩나물(1줌),
다진 돼지고기(1줌)

**양 념 장 :** 진간장(2)+청양고추(1)+붉은 고추(1)+
다진 마늘(0.5)+다진 파(0.5)+
참기름(1)+깨

독신남의
요리 노트

### 무밥과 영양솥밥

콩나물과 돼지고기 대신 무와 쇠고기를 넣으
면 쇠고기무밥이 되지요. 그 밖에 버섯, 밤, 은
행, 대추, 잣, 인삼 등등을 넣으면 영양솥밥이
된답니다.

### 콩나물 일주일 넘게 보관하기

콩나물은 천원 어치 사면 한 번 해먹고 버리는
경우가 많은데, 3번 정도 씻은 콩나물을 지퍼
백에 담고 생수를 가득 부어 냉장실에 넣고 하
루에 한 번씩 물만 갈아주면 일주일 뒤에도 싱
싱한 콩나물을 먹을 수 있답니다.

밥만 지으면 요리 끝인 콩나물밥은 정말 먹을 게 아무 것도 없을때
더없이 좋은 메뉴지요. 단, 한 번 먹을 분량만 하세요. 보온으로 오래
두면 변색이 되어서 먹기가 좀 그렇거든요.

재료 더하기
다진 배추김치에 설탕, 참기름,
깨를 넣어 무친 뒤
넣으면 더욱 좋지요.

**1** 전기밥솥에 주재료를
넣고 취사 버튼을 눌러 밥을 짓고,

**2** 밥 짓는 동안 **양념장** 만들면 끝.

보통 오징어를 사용해도 좋지만 작은 물오징어를 링처럼 썰어서 볶으면 맛도 모양도 좋습니다.
작은 물오징어를 여러 마리 사다가 한 마리씩 위생비닐에 담아 냉동보관해두면
언제든 싱싱한 오징어 맛을 즐길 수 있지요.

**1** 분량대로 섞어 **양념장**을 만들고,

**2** 달군 팬에 식용
유를 넉넉히 두르
고 대파, 양파, 청양고추,
붉은 고추 순으로 볶아 향을 내고,

독신남의
어드바이스
온도가 너무 높아 기름이 튀면
당황하지 말고 불을 잠시
꺼두세요.

**3** 오징어, 양송이버섯 넣어 볶고,

**4** **양념장** 넣어 버무
리고 마무리.

독신남의
어드바이스
조리가 끝나면 팬에 다시 식용유를
두르고 잠시 달구다가 키친타월로
닦으면 팬을 깔끔하게
관리할 수 있어요.

독신남의
요리 노트

## 오징어볶음과 소면

덮밥을 해먹으려고 부지런히 재료를 손
질해 오징어볶음을 하고 밥통을 여는 순
간, 밥이 없다면… 허탈해하지 말고 재빨
리 소면을 삶아 보세요. 오징어볶음은 덮
밥으로 훌륭하지만 부드러운 소면과 함
께 먹어도 맛있답니다. 특히, 술을 한잔
곁들일 때는 소면이 잘 어울리지요.

## 볶음 요리의 맛을 살리려면?

1. 팬은 충분히 달궈서 재료를 넣을 때 '착~' 하는 소리가 나게 하세요.
2. 마늘, 생강, 대파, 양파, 고추를 먼저 볶아서 향을 내세요.
3. 수분이 많은 재료는 미리 데쳐서 볶으면 빨리 볶을 수 있어요.
　 (빨리 볶지 않으면 물이 많이 생겨 질퍽해지기 쉽습니다.)
4. 팬은 앞뒤로 흔들어가며 볶고, 위아래로 들어 온도를 조절하세요.
5. 재료가 70~80% 정도 익은 뒤에 양념을 하세요.

# 반찬이 필요 없는 버섯솥밥

재료 미리 준비하기 (2인분)

**주 재 료** : 쌀(1½컵), 물(1½컵),
느타리버섯, 신 김치, 삼겹살(1줌씩)

**양 념** : 소금, 후춧가루, 진간장, 참기름

변변한 찬도 없고 만사가 귀찮을 땐 솥밥만큼 좋은 게 없지요.
신 김치와 버섯의 만남, 버섯솥밥의 황홀한 맛을 경험해 보세요.

**독신남의 요리 노트**

## 느타리버섯 보관하기

느타리버섯은 위생비닐에 밀봉해서 냉장고에
보관하면 4~5일 정도는 괜찮고 양이 많을 경
우에는 데치거나 그대로 냉동 보관했다가 해
동할 때 다시 데쳐서 사용하면 제 맛을 살릴
수 있어요.

## 버섯회덮밥 만들기

뜨거운 밥에 상추, 깻잎, 양배추를 썰어 넣고,
데친 느타리버섯 올리고, 초고추장, 참기름,
깨를 넣어 비벼 먹으면 쫄깃쫄깃 고소한 맛이
일품이지요.

**1** 삼겹살은 소금, 후추로 밑간하고,
신 김치는 속을 털어 잘게 다지고, 버섯은
데쳐서 헹군 뒤 진간장, 참기름으로 양념하고,

**2** 전기밥솥에 쌀(1½컵), 물(1½컵) 넣고,
준비한 주재료 올리고, 취사 버튼 누르기.

인천의 명물 **쫄면**

재료 미리 준비하기 (1인분)

주 재 료 : 쫄면(1줌), 콩나물(1줌)

부 재 료 : 오이, 당근, 양배추, 삶은 달걀

양 념 장 : 고추장(2)+식초(2)+설탕(1)+
　　　　　 사이다(1)+다진 마늘(1)+다진 파(0.5)
　　　　　 +참기름(0.5)+깨

**독신남의
어드바이스**
달걀은 콩나물 삶은 물에
15분 정도 삶으면 시간을
절약할 수 있지요.

**1** 콩나물은 5분만
삶아 찬물에 헹구고,
모든 야채는 채 썰어 놓고,

입시 미술을 공부할 때 저녁을 늘 라면으로 때우곤 했는데
어쩌다 돈이 좀 생기면 쫄면으로 호사를 부렸어요. 얼얼하고 새콤한
양념 맛과 야금야금 아껴 먹던 삶은 달걀의 아련한 추억…

**독신남의
어드바이스**
면은 엄지와 검지로 쥔
양이 대략 1인분입니다.

**2** 쫄면은 끓는
물에 넣어 물이
다시 끓기 시작하면 찬물에 바락바락 씻고,

**재료 더하기**
레몬즙을 넣으면
더욱 상큼한 맛을
즐길 수 있지요.

**3** 삶은 쫄면과 데친
콩나물에 **양념장을**
넣어 비비고,

**4** 그릇에 담아 야채와 삶은 달걀을 올리고
마무리.

# 달콤한 고구마현미밥

재료 미리 준비하기 (2인분)

**주 재료** : 현미(1⅓컵), 물(1½컵), 고구마(2줌)
**양 념** : 마가린(1), 진간장(1), 참기름(0.5), 깨,
　　　　　김, 달걀프라이(1개)

달콤한 고구마와 꼬들꼬들 씹는 맛이 좋은 현미로 밥을 지어봤어요.
없던 시절 감자나 고구마를 넣어 양을 늘리던 생존 전략이죠.

**1** 고구마는 깍둑 썰어 찬물에 담가 전분을 빼고,

**2** 씻은 현미(1⅓컵)에 물(1½컵)을 부어 30분간 불린 뒤 전분을 뺀 고구마(2줌)을 넣고 취사 버튼 누르기.

**3** 밥이 다 되면 마가린(1), 진간장(1), 참기름(0.5), 깨, 김, 달걀프라이(1개) 올리고,

**4** 썩썩 비벼서 잘 익은 김치 얹어 먹기.

**재료 미리 준비하기 (2인분)**

**주 재 료 :** 배추김치(1줌), 돼지고기(삼겹살 1줌),
김칫국물(1컵)

**부 재 료 :** 두부(⅓모), 대파

**양 념 장 :** 고춧가루(1)＋설탕(0.5)＋국간장(0.5)＋
맛술(0.5)＋다진 마늘(0.5)＋
생강가루(0.3)＋후춧가루

**1** 돼지고기(1줌)에 **양념장** 넣어 버무리고,

별로 태수로운 음식도 아닌 것 같은데 은근히 맛을 내기 어려운 것이
김치찌개지요. 김치찌개를 냉장 숙성시켰다가 다음날 먹어보세요.
약간 볼은 돼지 비계와 진한 국물 맛이 끝내줍니다.

**2** 냄비에 식용유(2)
두르고, 양념한 돼지고기(1줌)와 배추
김치(1줌)를 살짝 볶고,

> **독신남의 어드바이스**
> 여기까지 하고 두부와 함께 먹으면 두부김치가 되지요.

**3** 물(2컵), 김칫
국물(1컵) 넣어
뚜껑 덮고 약한 불에 20분간 끓이고,

> **재료 더하기**
> 물 대신 멸치다시마 국물을 사용하면 깊은 맛이 나고, 콩나물을 넣으면 시원한 맛이 납니다.

**4** 두부, 대파 넣고 소금
으로 간하고 마무리.

> **재료 더하기**
> 찬물에 한 시간 정도 불린 당면을 넣으면 먹는 재미가 쏠쏠해요.

# 우유에 밥 말아먹기 리조또

초등학교 때 급식으로 나온 우유를 밥에 말아먹는 친구를 보고 경악을 금치 못했던
기억이 있습니다. 지금 생각해 보니 그 친구는 그 어린 나이에
이탈리아 요리를 해먹고 있었던 것이었던 것입니다.

**1** 물(2컵)에 오징어(1줌), 새우, 조개를 삶고,

**2** 버터(1)를 녹여 다진 마늘(0.5), 다진 양파(1)를 볶고,

독신남의 요리 노트

## 뿌려 먹는 파마산 치즈가루

　　　　　　파마산 치즈는 북부 이탈리
아의 한 도시에서 유래한 우
유로 만든 단단한 치즈로,
주로 갈아서 넣습니다. 파스
타나 피자를 먹을 때 뿌려
먹는 치즈입니다. 대형 할인
마트에서 쉽게 구입할 수 있지요. 사용하고 남
은 치즈가루는 냉장 보관하는 게 좋아요.

## 우리 입맛에 잘 맞는 리조또

리조또는 이탈리아의 대표적 쌀 요리입니다.
이탈리아에 쌀이 전해진 것은 12세기로 아랍
상인들에 의해 시칠리아에 처음 전해졌다고
합니다. 이 때부터 이탈리아에서는 쌀을 재료
로 하는 다양한 요리가 만들어지기 시작했는
데요. 리조또는 재료나 조리법만 보면 다소 엽
기적인 맛일 것 같지만 의외로 우리 입맛에도
잘 맞는답니다.

**3** 불린 쌀(1컵)을 넣어 투명하게 볶고,

**4** 해물 삶은 육수를 부어 밥하듯 강한 불에 끓이다가,

**5** 익힌 해물 넣고 약한 불에서 뒤적뒤적 뒤적이고,

**6** 밥이 꼬들꼬들 익으면 우유(½컵)를 붓고, 파마산 치즈가루 듬뿍 넣고, 마른 고추 넣고 소금, 후추로 간해서 걸쭉하니 죽 처럼 만들고 마무리.

# 정겨운 냄비우동

재료 미리 준비하기 (1인분)

**주 재 료 :** 우동 건면 또는 생면(1줌)
**부 재 료 :** 당근, 대파, 청양고추, 붉은 고추,
　　　　　　쑥갓, 김, 고춧가루
**양 념 :** 국간장(1), 소금
**멸치다시마 국물 :** 물(3컵), 국멸치(5마리)
　　　　　　　다시마(사방 10cm 1장)

독신남의
요리 노트

### 두고두고 먹는 우동 건면

우동 건면은 이상하게도 시중에서 구하기가 힘든데요. 일단 구입해 두면 상할 염려 없이 두고두고 먹을 수 있어 좋답니다.

시장통에서 먹던 냄비우동을 아시나요?
양은 냄비의 정겨움을 즐겨보세요.

**1** 건면을 15분 끓여 찬물에 헹구어 두고,

독신남의
어드바이스
면을 끓이다가 거품이 올라올 때
찬물을 한 컵 정도 부으면 면이
더욱 쫄깃해져요.

**2** 물(3컵)에 다시마와 국멸치를 넣고 끓이다가 끓기 직전에 다시마만 건져내고, 5분 뒤 국멸치도 건져내고, 국간장(1), 소금으로 간하고,

**3** 삶은 우동면, 당근, 대파, 청양고추, 붉은 고추, 쑥갓, 김, 고춧가루 넣고 마무리.

## 재료 미리 준비하기 (2인분)

**주 재 료 :** 냉장 숙성시킨 수제비 반죽(2줌)
**부 재 료 :** 호박, 감자, 당근, 양파, 바지락
**육 수 :** 물(5컵), 국멸치(5마리),
　　　　　　다시마(사방 10cm 1장), 건새우, 대파
**양 념 :** 다진 마늘(1), 국간장(2), 소금, 후춧가루

제멋대로 울퉁불퉁, 못생겨도 맛은 좋은 수제비. 수제비 반죽은 한 번에 넉넉하게 준비하세요. 냉동보관해 두었다가 출출할 때 실온에서 해동시켜 뚝뚝 떼어 끓이면 간편하게 즐길 수 있답니다.

### 독신남의 요리 노트

#### 수제비의 어원

수제비의 어원은 '수접이' 예요. 조선 중엽부터 만들어 먹은 것으로 알려져 있고 북한에서는 '밀가루뜨더국' 이라고 부른답니다. 손으로 일일이 뜯어서 뜨더국이라고 하는 모양이에요.

#### 수제비 반죽 만들기

밀가루(1컵)에, 달걀(1개), 물(1), 식용유(0.3), 소금(0.3)을 넣어 너무 되거나 질지 않게 치댄 뒤 비닐을 덮어 잠시 냉장실에서 숙성시키세요.

반죽을 끓는 물에 넣을 때는 양손의 엄지와 검지를 이용해 최대한 많이 늘려서 뜯어내는 것이 좋아요. 이 반죽을 손으로 뜯지 않고 밀대로 밀어 밀가루를 바른 다음 척척 접어서 칼로 썰면 칼국수 면이 되지요.

**1** 물(5컵)에 국멸치(5마리), 다시마(사방 10cm 1장), 건새우, 대파 넣고 끓여 육수를 만들고,

**2** 호박, 감자, 당근, 양파 넣고, 수제비 반죽 뚝뚝 떼어 넣고, 바지락, 다진 마늘(1) 넣고, 국간장(2), 소금, 후추로 간하고 마무리.

### 독신남의 어드바이스
청양고추와 쑥갓을 넣으면 더욱 맛나고 칼국수 면을 넣으면 칼국수가 된답니다.

# 면발을 살리자 옛날 자장면

집에서 자장면을 만들어보려 해도 중국집 특유의 면발을 만들지 못해 늘 안타까웠다고요?
이제 더 이상 고민하지 마세요! 쫄면을 푹 삶으면 중국집 면발 부럽지 않은
쫄깃한 맛을 살릴 수 있답니다.

**1** 감자는 필러로 모서리를 둥글게 다듬어 물에 담가두고,

**2** 춘장($\frac{1}{3}$컵)은 식용유 ($\frac{1}{3}$컵)에 튀기듯 볶아 체에 받혀 두고,

> **독신남의 어드바이스**
> 춘장을 스폰지처럼 되게 볶아야 맛을 살릴 수 있어요.

**독신남의 요리 노트**

## 자장의 유래

자장은 콩과 밀가루를 섞어 일정 기간 발효시킨 중국식 된장(춘장)을 볶은 요리인데요. 1883년 인천항이 개항되면서 산둥 반도의 노동자들이 우리나라로 들어와 볶은 춘장에 국수를 비벼 야식으로 먹었던 것이 그 시초라고 합니다. 인천의 차이나타운을 중심으로 정착이 되었는데 처음과는 달리 우리나라 사람들의 입맛에 맞게 색이 진한 카라멜을 섞어 고소하고 까만 지금의 춘장이 되었다고 하네요.

## 자장의 종류

돼지고기, 닭고기, 오징어를 넣으면
**삼선자장**

식용유 대신 고추기름을 쓰면
**사천자장**

돼지고기 또는 쇠고기와 야채를 다져 넣으면
**유니자장**

돼지고기 또는 쇠고기와 야채를 채 썰어 넣으면
**유슬자장**

**3** 식용유를 넉넉히 두르고 돼지고기(1줌), 양파(2줌), 감자(1줌)을 넣어 볶다가 볶은 춘장 넣고,

> **독신남의 어드바이스**
> 이대로 볶아 재료를 익히고 소금 간하면 간자장이 되는 거예요.

**4** 물(1$\frac{1}{2}$컵), 설탕(0.5), 물엿(1) 넣고 끓이다가,

**5** 감자가 익으면 녹말물 넣어 걸쭉하게 만들어 자장 소스를 완성하고,

**6** 면은 쫄면으로 5분 동안 삶아 찬물에 한 번 헹구고, 자장과 고명 올리고 마무리.

바람 불어 외로운 날에는 얼큰하게 속을 풀어줄 짝뽕이 제격이지요.

냉장고에 오징어가 있다면 이것저것 끌어 모아 얼큰한 짝뽕을 끓여보세요.

재료 미리 준비하기 (2인분)

**주 재 료** : 오징어, 새우, 표고버섯,
마늘, 대파, 양파

**부 재 료** : 배춧잎, 죽순, 무, 호박, 당근, 고추

**양 념** : 식용유(4), 고운 고춧가루(1), 굴 소스(1),
두반장(1), 국간장, 소금, 생강가루,
후춧가루

**멸치다시마 국물** : 물(5컵), 국멸치(5마리),
다시마(사방 10cm 1장)

**1** 주재료와 부재료 모두 적당히 잘라두고,

**2** 냄비에 식용유(4), 고춧가루(1) 넣고 타지
않게 끓여 고추기름을 내고, 마늘, 대파,
양파를 볶아 향을 내고,

**3** 재료 모두 넣고 굴 소스(1), 두반장(1)
넣어 볶고,

**4** **멸치다시마 국물**
(5컵) 부어 끓이고 국간장(1), 소금,
후춧가루, 생강가루로 간하고 마무리.

독신남의
어드바이스
칼국수 면을 따로 삶아 그릇에
담고 짬뽕 국물을 부으면 짬뽕면이
되고 짬뽕 국물에 밥을 말아
먹으면 짬뽕밥이 되지요.

독신남의
요리 노트

## 노동자의 음식이었던 '짬뽕'

**짬뽕(ちゃんぽん)**은 1899년 큐슈의 나가사키 지방으로 이주해 온 화교 진평순 씨 가족이 차
린 사해루(四海樓)라는 음식점에서 그 유래를 찾아볼 수 있습니다. 열악한 경제 상황에 허덕
이던 이들을 위해 야채 찌꺼기와 고기 토막 등을 볶아 중화면을 넣고 끓여 지나우동(중국우
동)이라고 불렀지요. 푸짐한 양과 영양 만점인 지나우동은 화교는 물론 부두 노동자들에게
선풍적인 인기를 끌었다고 합니다.
우리나라 짬뽕은 국물이 빨갛지만 일본의 짬뽕은 희고 순한 맛을 냅니다. 우리나라의 중국집
우동과 비슷하지요.

## 굴소스

굴 소스는 생굴을 소금물로 발효시킨 뒤 위에 뜬 맑
은 물에 설탕, 소금, 전분 등으로 양념해 농축시킨 소
스예요. 육류를 재거나 볶을 때 넣으면 감칠맛이 나
지요. 특히 해산물 요리에 잘 어울리고 간장이 들어
가는 음식이라면 어디든 다 사용할 수 있어요

# 월남 총각의 아침 쌀국수

베트남 쌀국수는 닭백숙 국물에 쌀국수를 넣고 양파, 숙주를 얹어 먹는 요리예요.
술이 과한 다음날 개운한 해장으로 그만이지요.

**1** 물(5컵)에 닭다리(2개), 대파, 양파, 마늘 넣고 40분간 끓여 닭육수를 만들고,

**2** 쌀국수는 찬물에 30분 동안 불리고,

## 독신남의 요리 노트

### 프랑스군에서 퍼진 베트남 쌀국수

베트남에서는 전통적으로 소를 신성한 동물로 여겨서 색이 붉은 쇠고기를 금기시하고 식용으로 사용하기를 꺼려 왔습니다. 대신에 닭과 돼지를 즐겨 먹었지요.

그러던 중 1880년 중반 하노이를 점령한 프랑스군에 의해 소의 살코기와 뼈를 이용해 뜨거운 국물(스톡)을 내는 요리법이 전해졌다고 합니다.

이후 프랑스군이 물러가고 나자 하노이 지역을 중심으로 프랑스인들의 요리법에 자신들의 고유 음식인 월남국수를 접목해 먹는 사람들이 늘어났는데 이것이 바로 PHO라는 베트남 쌀국수의 유래라고 합니다.

그리고 1950년대 베트남이 북쪽과 남쪽으로 분단될 때 남쪽으로 넘어온 하노이 주민들이 사이공에서 생계를 유지하기 위해 PHO를 만들어 팔기 시작하면서 베트남 전역에 쌀국수가 보급되기 시작한 것이지요.

**3** 불린 쌀국수를 끓는 물에 넣어 다시 물이 끓으면 찬물에 헹궈 그릇에 담고,

**4** 끓인 닭 육수는 체에 내려 맑은 육수만 다시 끓이고,

**5** 양파 넣어 끓이고, 국간장(1), 소금, 후춧가루로 간하고,

**6** 뜨거운 닭 육수를 쌀국수에 붓고, 닭살, 청양고추, 붉은 고추, 생숙주를 올리고 마무리.

# 밥맛 없을 땐 쌀국수 냉채

부드러운 쌀국수와 시원한 냉채에 매콤새콤한 소스를 곁들여 후루룩 먹으면
달아났던 입맛이 돌아오지요.

재료 미리 준비하기 (1인분)

주 재 료 : 쌀국수(1줌), 닭고기(가슴살 1줌)
부 재 료 : 오이, 붉은 고추
양 념 장 : 진간장(2)+설탕(1)+식초(1)+
          고추기름(1)+깨(1)+다진 파(1)+
          다진 마늘(0.5)+생강가루(0.3)+
          참기름(0.3)

**1** 물(4컵)에 닭고기(가슴살 1줌), 대파, 마늘, 양파 넣어 끓이고,

**2** 쌀국수는 찬물에 30분 동안 불리고,

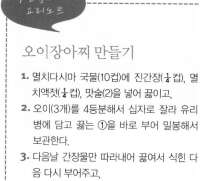

**3** 익힌 닭고기는 차게 식힌 다음 찢어서 소금, 후춧가루, 참기름으로 무쳐 재워 두고,

**4** 불린 쌀국수를 끓는 물에 넣어 물이 다시 끓으면 찬물에 헹궈 그릇에 담고,

독신남의
요리노트

## 오이장아찌 만들기

1. 멸치다시마 국물(10컵)에 진간장($\frac{1}{2}$컵), 멸치액젓($\frac{1}{3}$컵), 맛술(2)을 넣어 끓이고,
2. 오이(3개)를 4등분해서 십자로 잘라 유리병에 담고 끓는 ①을 바로 부어 밀봉해서 보관한다.
3. 다음날 간장물만 따라내어 끓여서 식힌 다음 다시 부어주고,
4. 3의 과정을 3일 간격으로 2회 반복하고 마무리.

독신남의
어드바이스
양념장은 일단 적은 듯하게 넣고
비벼서 맛을 본 다음 짜지 않게
간을 맞추세요.

**5** 닭고기를 올리고 양념장도 얹고,

**6** 오이, 붉은 고추 올리고 마무리.

# 간단간단 해물 스파게티

해물 삶은 육수를 이용해서 스파게티 소스를 만들면 간편하면서도 쉽게 맛을
낼 수 있지요. 오늘은 장 볼 때 토마토페이스트 캔을 장바구니에 넣어보세요.

재료 더하기
오레가노 같은 각종
향신료가 있다면
넣어주세요.

**1** 물(2컵)에 통마늘,
대파, 양파 넣어 5분간 끓이고,

**2** 끓는 물에 오징어(작은 것 1마리), 모시
조개(1줌) 넣어 조개가 입을 벌릴 때까지
끓여서 육수 만들고,

독신남의
요리노트

## 토마토페이스트

토마토를 농축시켜 만든 소스예요. 마트에 가
면 통조림으로 파는 것을 쉽게 구할 수 있지
요. 토마토페이스트가 없다면 토마토 케첩을
써도 되지만 맛이 덜 하겠지요. 쓰고 남은 것
은 위생비닐에 담아 냉동 보관하세요.

## 스파게티 면 삶기

1. 깊은 냄비에 스파게티 면 분량의 5배의 물
을 붓고 소금(1), 식용유 약간 넣고,

2. 끓는 물에 스파게티 면을 펼쳐 넣고 젓가락
으로 붙지 않게 저으며 끓이고,

3. 포장지에 표시된 시간보다 1분 빨리 꺼내
잘라보세요. 가운데 심이 남아 있을 정도면
OK.

4. 삶은 스파게티 면은 식용유를 조금 넣어 버
무려 두면 서로 붙지 않아 좋아요.

독신남의
어드바이스
올리브유가 없다면
식용유로 해도
상관없어요.

재료 더하기
다진 소고기, 다진 양파,
다진 베이컨을 넣으면
더욱 좋아요.

**3** 다른 냄비에
올리브유(1) 두르고
다진 마늘(1)을 볶아 향을 내고,

**4** 육수(1컵) 붓고 토마토페이스트(1컵),
우스터소스(2), 월계수잎(1장), 파슬리
가루(1), 설탕(1), 소금(0.3), 후춧가루 넣어
간하고,

**5** 데친 오징어와 모시조개 넣어 버무리고,

**6** 삶은 스파게티 면을 넣어 간이 배도록
버무리고 마무리.

영국에 가면 '반드시 휘시앤칩스(Fish'n chips)를 먹고 오라'는 말이 있을 정도로
휘시앤칩스는 영국을 대표하는 음식이에요. 아무리 작은 동네라 하더라도 휘시앤칩스를
파는 곳이 하나쯤은 있지요. 타르타르 소스와 휘시앤칩스로 영국의 맛을 느껴보세요.

재료 미리 준비하기 (1인분)

주 재 료 : 대구살(2포), 감자(2줌)

부 재 료 : 밀가루(1컵), 달걀(1개), 빵가루(1컵),
식용유(5컵)

타르타르 소스 : 마요네즈(3)+다진 피클(1)+
다진 양파(1)+레몬즙+
소금+후춧가루

**1** 감자는 채 썰어서 물에 담가두고,

**2** 대구살은 소금, 후춧가루로 밑간하고
밀가루, 달걀물, 빵가루도 준비하고,

**3** 대구살에 밀가루를 묻히고 털어낸 다음
달걀물에 푹 담그고,

**4** 빵가루를 꾹꾹 눌러
묻혀두고,

> 독신남의
> 어드바이스
>
> 여기까지 만들어 냉동
> 보관해 두면 두고두고
> 먹을 수 있어요.

독신남의
요리 노트

## 튀긴 기름은 이렇게 보관해요

튀긴 기름은 식은 뒤 깔대기체에 내려 용기에
담아 냉장 보관했다가 다시 사용하세요. 공기
에 노출시키지만 않는다면 여러번 사용 할 수
있답니다.

**5** 끓는 식용유
(5컵)에 감자
채(2줌) 넣어 튀기고
건져내 소금 뿌려 간하고

> 독신남의
> 어드바이스
>
> 튀긴 감자 칩스는 접시에 넓게
> 펼쳐 놓아야 바삭한 맛을
> 살릴 수 있어요.

**6** 마지막으로 튀김
옷을 입힌 대구살을
튀겨 타르타르 소스와 함께
곁들여 내고 마무리.

> 독신남의
> 어드바이스
>
> 튀김색이 덜 나왔다 싶을 때 꺼내야
> 남은 열기에 식으면서 알맞은
> 색이 된답니다.

# 도톰한 살코기, 고소한 소스 일식 돈까스

서양의 포크커틀릿을 일본식으로 바꾼 것이 돈까스인데요.

도톰한 살코기를 즉석에서 깨를 갈아 만든 고소한 깨소금과 새콤한 돈까스 소스를 섞은

소스에 콕 찍어 한 입 베어 물면 그 맛이 정말 끝내줍니다.

**1** 도톰한 돼지고기(등심)에 소금, 후춧가루 뿌려 밑간하고, 달걀은 풀어 놓고, 밀가루, 빵가루도 준비하고,

**2** 돼지고기 등심에 밀가루를 가볍게 묻히고,

독신남의 요리 노트

## 양파 드레싱 만들기

양파(1개), 식용유(3), 설탕(3), 식초(2), 소금(0.3)을 넣고 믹서에 갈아줍니다.
양배추채 또는 치커리, 양상추, 레디시, 적채, 무순 등 샐러드를 손으로 찢어 담고 양파 드레싱을 얹어 먹으면 매우 좋아요.
양파가 너무 매울 경우에는 찬물에 담가 매운맛을 빼고 사용하면 되지요.

### 단맛 도는 양배추의 비밀

양배추는 얇게 썰어 지퍼백에 담아서 냉장고에 하루쯤 둬보세요. 단맛이 생겨서 훨씬 맛이 좋아집니다. 또 토마토 케첩이나 머스터드 소스 대신 양파 드레싱을 만들어 얹으면 개운한 맛이 돈까스의 느끼함을 달래준답니다.

**3** 달걀물에 푹 담그고,

독신남의 어드바이스
바삭바삭한 튀김을 원하면 밀가루와 달걀물 묻히는 과정을 한 번 더 반복하세요.

**4** 빵가루를 묻혀서 꾹꾹 누르고,

**5** 냄비에 식용유를 넉넉히 부어 달군 뒤 튀기고,

독신남의 어드바이스
감자랑 같이 넣고 튀기면 감자의 수분 때문에 타지 않고 골고루 튀겨져요.

**6** 튀김은 색이 덜 나왔을 때 꺼내도 남은 열 때문에 색이 진해지니까 원하는 색이 나오기 바로 직전에 꺼내고 마무리.

담백한 카레향 # 카레소스치킨구이

담백한 소스와 구운 닭가슴살의 조화가 입맛을 사로잡는
카레소스치킨구이는 만들기는 어렵지 않으면서 주위 사람들에게
찬사를 받을 수 있는 일품 요리랍니다.

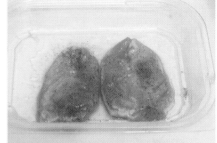

**1** 닭가슴살을 넓게 펴서
맛술(2), 소금, 후춧가루로 밑간을 하고,

**2** 카레 소스 재료를 분량대로 섞어 준비하고,

**3** 소스를 끓이다가
구운 닭가슴살을
넣어 뒤적뒤적 뒤적이고

독신남의
어드바이스
닭가슴살은 오븐 토스터로
굽거나 직화구이를 해도 좋고,
팬에 구워도 상관없어요.

**4** 접시에 담고 파슬리가루 뿌리고 마무리.

재료 미리 준비하기 (2인분)

**주 재 료** : 단호박
**부 재 료** : 강낭콩, 찹쌀물(찹쌀가루(1) : 물(1))
**양 념** : 설탕, 소금

**1** 강낭콩은 삶아서 설탕물에 조리고,

호박죽은 뜨겁게 먹어도, 차게 먹어도 언제나 맛있지요.
호박은 위를 보호하고 붓기를 잘 빼주기 때문에 회복기의 환자나
임산부에게 좋아요.

**2** 단호박은 푸욱 물러질 때까지 20분 정도 익히고,

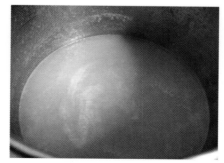

**3** 푹 익은 단호박을 믹서기로 갈거나 체에 내리고,

**4** 찹쌀물 넣어서 걸쭉하게 농도 맞추고 설탕, 소금으로 간하고 마무리.

재료 더하기
우유를 넣어도 좋아요.

아무리 쉽다쉽다해도 이렇게 쉬운 김밥이 또 있을까요?

냉장고에 깍두기랑 오징어무침만 있으면 바로 충무김밥이 됩니다.

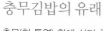
## 재료 미리 준비하기 (2인분)

**김밥 재료** : 밥(2공기), 김(2장)

**배합초** : 식초(1), 설탕(0.5), 소금(0.3),
참기름(0.3)

**깍두기 재료** : 무(2줌), 굵은 소금(0.5),
사이다(⅓컵), 고춧가루(1),
새우젓(1), 설탕(1), 식초(0.5),
다진 마늘(0.3), 생강가루(0.1)

**오징어무침 재료** : 데친 오징어(1줌),
고춧가루(1), 식초(1),
설탕(1), 진간장(1),
맛술(0.5), 다진 마늘(0.3),
생강가루(0.1), 참기름(0.5)

### 충무김밥의 유래

충무(현 통영) 항에 살던 한 어부의 아내가 고기잡이를 나가는 남편이 고기 잡느라 식사를 거르고, 술로 끼니를 대신하는 모습을 보고 김밥을 만들어주었다고 합니다.

그런데 김밥은 잘 쉬어서 먹지 못할 때가 많았지요. 꾀를 낸 아내가 김밥 속(반쯤 삭힌 꼴뚜기무침과 무김치)을 따로 담아주자 남편이 아주 맛있게 잘 먹었다고 해요.

그 후로 다른 어부들도 점심이나 간식으로 속을 따로 준비한 김밥을 즐겨 먹게 되었다고 합니다. 이게 바로 충무의 향토 음식으로 유명한 충무김밥의 유래입니다.

물론 반쯤 삭힌 꼴두기무침은 도시 사람의 입맛에 맞는 오징어무침으로 대체하게 됐지만, 어쨌든 현명한 생존 전략은 훌륭한 음식 문화를 창조하기도 하나 봅니다.

**1** 무는 길게 깍 둑 썰어 굵은 소금(0.5), 사이다(⅓컵) 넣어 1시간 동안 절이고,

> 독신남의
> 어드바이스
> 절인 무는 체에 받쳐 물기를 빼고 4시간 정도 말리면 꼬들꼬들한 맛이 더욱 좋습니다.

**2** 절여서 물기를 빼놓은 무(2줌)에 고춧가루(1), 새우젓(1), 설탕(1), 식초(0.5), 다진 마늘(0.3), 생강가루(0.1)를 넣어 무쳐두고,

**3** 데친 오징어(1줌)에 고춧가루(1), 식초(1), 설탕(1), 진간장(1), 맛술(0.5), 다진 마늘(0.3), 생강가루(0.1), 참기름(0.5) 넣어 무쳐두고,

**4** 김은 앞뒤로 살짝 구워 반을 자르고,

**5** 밥(2공기)에 식초(1), 설탕(0.5), 소금(0.3), 참기름(0.3) 넣어 섞고,

**6** 구운 김에 밥을 깔아 작고 가늘게 말고 마무리.

> 독신남의
> 어드바이스
> 김밥을 자를 때 칼에 식초를 발라 썰면 깔끔하게 잘립니다.

# Part 3
# 3,000원으로
# 유명 맛집 흉내내기

이번 Part에서는 봉추찜닭, 춘천 닭갈비, 갈비찜, 낙지찜 등 밖에서 사먹는
음식들을 집에서 만들어보아요. 3,000원짜리 닭 한 마리면 반 마리는 봉추찜닭을,
남은 반 마리는 춘천 닭갈비를 2인분씩 해먹을 수 있죠. 자장면 한 그릇 시켜먹을
돈으로 근사하고 푸짐한 맛 집 요리를 먹을 수 있답니다. 제 홈페이지에 올린
음식들 중 가장 인기 있었던 것들을 모아봤습니다.

# 청나라 소스가 들어간 돼지고기 주물럭

돼지고기 주물럭에 청나라 소스를 넣으면 맛이 한결 부드럽습니다.
양념해서 냉장 보관해 뒀다가 쌈 야채에 곁들여 구워 먹으면 간편하고 푸짐하게 한 끼가
해결되지요. 제육볶음과는 전혀 다른 맛의 세계를 경험해 보세요.

**1** 돼지고기 목살, **양념장**, 야채를 준비하고,

재료 더하기
오징어나 닭고기를 넣어도 좋아요.

**2** 모두 섞어 양념이 고루 배이도록 주무르고,

독신남의 어드바이스
가장 중요한 순간입니다. 손이 시리더라도 손맛이 들도록 조물조물 주물러주세요.

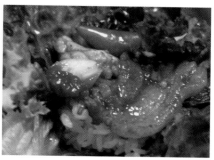

**3** 강한 불에서 빠르게 앞뒤로 지지고, 약한 불로 바꾸어 은근히 익혀주세요.

독신남의 어드바이스
바로 구워도 좋지만 하루 정도 냉장고에 넣어 숙성시켰다가 구우면 더욱 맛이 좋아요.

**4** 상추쌈에 얹어 먹으면 더욱 좋지요. 제육덮밥으로 먹을 경우에는 목살을 구입할 때 고기를 얇게 썰어 달라고 하세요.

독신남의 요리 노트

## 소스와 친하게 지내자

마트에 가면 소스 코너 앞에서 이것저것 구경해 보세요. 별 일 아닌 것 같지만 요리를 한 단계 업그레이드시켜 주는 공부가 된답니다. 아무거나 하나 집어들고 뒷면의 사용 설명서를 읽다보면 자연스럽게 새로운 요리를 터득하게 되지요.

## 두반장

두반장은 누에콩 된장에 붉은 고추를 넣고 설탕, 마늘 등을 섞어 만든 장으로 쌈장과 맛이 비슷해요. 고기를 양념하거나 볶음 요리를 할 때 많이 쓰는데, 고추장 사용하듯 쓰면 됩니다.

입안 가득 행복한 **돼지고기 보쌈**

절인 배추에 고기 하나 올리고 매콤 달달한 무생채 얹어 한 입 베어 물 때
입안 가득 느껴지는 그 포만감이란… 오늘 먼지 많은 곳에서 일하셨나요?
그럼 보쌈에 소주 한 잔 어때요?

재료 미리 준비하기 (2인분)

**돼지고기 재료** : 돼지고기(통 삼겹살 1근),
　　　　　　　　양파, 대파, 통마늘,
　　　　　　　　된장(1), 커피(0.3)

**무생채 재료** : 무채(2줌), 미나리(1줌),
　　　　　　　대추, 밤, 배

**양 념** : 고춧가루(3), 설탕(1), 꿀(1), 다진 마늘(0.5),
　　　　새우젓(0.5), 생강가루(0.3), 깨, 참기름

**소 금 물** : 물(5컵)+굵은 소금(1컵)

*재료 더하기*
통 삼겹살을 맥주(5컵)에 넣고 삶아도 냄새를 효과적으로 없앨 수 있어요.

**1** 물(5컵)에 양파, 대파, 통마늘, 된장, 커피 약간 넣고 끓이다가 통 삼겹살을 넣어 1시간 동안 삶고,

**2** 무채(2줌)는 소금물에 1시간 동안 절여 물에 헹군 뒤 꼭 짜서 고춧가루(3)를 뿌려 물들이고,

**3** 미나리, 대추, 밤, 배를 채 썰어서 넣고,

**4** 설탕(1), 꿀(1), 새우젓(0.5), 다진 마늘(0.5), 생강가루(0.3)도 넣고,

*재료 더하기*
잣가루를 뿌려도 좋아요.

**5** 참기름(0.5)과 깨(0.5)를 넣어 버무리고 마무리.

*독신남의 요리 노트*

## 돼지고기가 좋은 다섯 가지 이유

**1. 동맥경화증, 고혈압 등 성인병 예방**
아라키돈산, 리놀산과 같은 불포화 지방산이 많이 들어 있어 혈관 내 콜레스테롤의 축적을 막아주며 혈류를 왕성하게 하지요.

**2. 수은, 납 등 공해 물질을 체외로 배출시키는 해독 작용**
돼지고기의 지방은 융점이 사람의 체온보다 낮아서 대기오염, 식수 등으로 자신도 모르게 축적된 공해 물질을 체외로 밀어내어 진폐증을 예방합니다.

**3. 젊고 탄력 있는 피부로 가꿔줘**
돼지고기는 비타민 B군이 쇠고기의 5~10배 이상 들어 있으며 양질의 단백질

과 각종 영양소가 들어 있는 고영양 식품으로 피부를 윤택하게 해준답니다.

**4. 어린이 성장 발육에 좋아**
돼지고기에는 인, 칼륨 등이 많이 들어 있어요. 또한 각종 미네랄이 풍부하여 성장기의 어린이, 학생, 수험생의 영양식으로 좋지요.

**5. 빈혈 예방과 간장 보호**
돼지고기에 많이 들어 있는 철은 체내 흡수율이 높아 철 결핍성 빈혈을 예방하며, 메치오닌 성분은 간장 보호와 피로 회복에 도움이 되지요.

# 육군 병장의 추억 춘천 닭갈비

나물이가 처음으로 닭갈비를 먹어본 것은 군복무 시절이었어요. 강원도 양구의 군부대 바로 앞에서 허술하게 운영하는 음식점이었는데 아무것도 넣지 않고 기름 두른 팬에 닭과 양념만 볶아 주는 겁니다. 그런데 그 맛이 정말 잊혀지질 않아요. 그래서 춘천 닭갈비 흉내내기에 들어갑니다.

## 재료 미리 준비하기 (2인분)

**주 재료 :** 닭고기(2줌)

**부 재료 :** 양파(1줌), 양배추(3줌), 대파, 깻잎

**양 념 장 :** 고추장(2)+맛술(2)+설탕(1)+
　　　　　 다진 마늘(1)+물엿(0.5)+
　　　　　 굴 소스(0.5)+진간장(0.5)+
　　　　　 고춧가루(1)+카레가루(0.3)+
　　　　　 참기름(0.5)+생강가루(0.3)+
　　　　　 후춧가루+깨

**1** 닭고기(2줌), 양배추, 양파, 대파, **양념장**을 준비하고.

**2** 닭고기를 **양념장**에 버무려 1시간 동안 재우고,

재료 더하기
떡, 고구마, 팽이버섯 등을 넣어도 좋아요.

**3** 팬에 식용유를 두르고 재운 닭을 익히다가 양파, 양배추, 대파 순으로 올리고,

재료 더하기
여기에 돼지고기, 오징어를 넣으면 육해공 철판볶음이 되지요.

**4** 강한 불에서 **빠르게** 익혀야 야채에서 물이 덜 나와 맛있어요.

**5** 닭갈비를 먹고 나면 밥 한 공기와 **양념장**, 깻잎, 김가루, 참기름, 깨를 넣어 볶음밥을 해먹는 재미도 쏠쏠하답니다.

독신남의
요리 노트

### 닭갈비는 왜 춘천인가?

춘천 지역은 양축업이 성하고 도계장이 많았기 때문에 자연스럽게 닭고기 요리가 발달했다고 합니다. 예전에는 숯불 위에 석쇠를 얹어 닭고기를 요리했던 숯불닭갈비를 많이 먹었는데 1971년에 닭갈비 판이 등장하면서 지금의 닭갈비로 바뀌었다고 해요.

### 닭갈비 팬 길들이기

닭갈비팬은 이마트에서 구입했는데요. 팬을 구입하면 불에 올려 연기가 나도록 태우고 식용유로 기름칠을 해서 길을 들여야 음식이 눌어붙지 않아요. 나중에도 되도록 물로 닦는 것보다는 식용유를 묻힌 키친타월로 닦는 것이 좋습니다.

### 닭갈비에 제 격인 동치미

닭갈비는 느끼함도 가시고 소화도 돕는 동치미 국물과 함께 먹는 것이 제격이에요.

**동치미국수 만들기 :** 동치미국물(2컵)에 육수(양지머리 끓인 물 1컵), 식초(3), 설탕(0.5), 소금을 넣어 간을 맞춘 후 소면에 붓고 동치미 무를 먹기 좋게 썰어 올리면 시원한 동치미 국수가 된답니다.

잔치 잔치 열렸네 **갈비찜**

잔칫상에 늘 빠지지 않고 나오는 것이 갈비찜이죠.

폼 나는 잔칫상 만들기에 도전해 보세요.

**주 재 료 :** 소갈비(2줌), 무, 당근, 밤
**양 념 장 :** 진간장(5)+설탕(3)+물엿(3)+
　　　　　 맛술(3)+배즙(1)+다진 파(1)+
　　　　　 다진 마늘(0.3)+생강가루(0.2)+
　　　　　 참기름+후춧가루+깨

**1** 소갈비(2줌)는 찬물에 한시간 정도 담가 핏물을 빼고,

독신남의 어드바이스
물이 줄어들면 보충해 주세요

**2** 물(3컵)에 핏물 뺀 갈비를 넣고 은근한 불에서 약 1시간 끓이고,

**3** 푹 익힌 갈비에 칼집 넣고 양념장 넣어 버무리고,

**4** 냄비에 양념한 갈비, 무, 당근, 밤을 넣고 갈비 익힌 육수를 부어 끓이고,

재료 더하기
달걀 황백지단, 잣, 실고추를 올려 장식하고, 은행을 볶아 넣으면 맛과 모양이 한층 살아나지요

**5** 육수가 바닥에 조금 남을 때까지 뒤적뒤적 조리고 마무리.

독신남의 요리 노트

## 돼지갈비는 무 대신 감자를...

돼지갈비찜을 할 경우에는 무 대신 감자를 넣고, 물을 넣어 삶을 때(2번 과정) 대파, 통마늘, 커피를 약간 넣으면 고기 냄새를 없앨 수 있어요.

돼지갈비찜도 양념장과 조리법은 소갈비찜과 같은데 배즙 대신 사과즙을 사용하면 궁합이 좋아요. 과일즙은 고기를 부드럽게 하는 연육 작용을 한답니다.

## 통삼겹살은 파무침과 함께 해요

통삼겹살을 이용할 경우에는 2번 과정에서 된장(2), 대파, 통마늘, 커피를 약간 넣어 끓인 후 조림장에 조린 다음 먹기 좋게 썰어 파무침과 함께 먹으면 좋아요.

**파무침**은 파채에 겉절이 양념장을(멸치액젓(2)+고춧가루(2)+설탕(2)+국간장(2)+식초(2)+다진 마늘(1)+깨(1)+참기름(1)) 넣어 무치면 되지요.

아삭아삭 콩나물이 좋아 **낙지찜**

콩나물이 들어가는 찜은 매우면서도 아삭아삭한 맛이 일품이지요.

재료 준비만 되면 순식간에 만들어지는 낙지찜으로 손님 접대를 해보세요.

아귀찜, 미더덕찜, 꽃게찜, 삼겹살찜도 만드는 방법이 같아 쉽게 응용할 수 있답니다.

재료 미리 준비하기 (2인분)

주 재 료 : 콩나물(2줌), 낙지(2마리),
         미나리, 미더덕
부 재 료 : 청양고추, 붉은 고추, 대파,
         참기름(1), 후춧가루
양 념 장 : 고춧가루(4)+진간장(3)+다진 파(2)+
         설탕(2)+물엿(1)+맛술(1)+
         다진 마늘(1)+생강가루(0.5)
녹 말 물 : 녹말가루(3)+물(3)

**1** 콩나물, 낙지, 미나리, 미더덕을 다듬어 놓고,

독신남의
어드바이스

**콩나물**은 머리와 뿌리를 떼어서 다듬고,
**낙지**는 머리의 내장, 먹통, 눈알을 떼어낸 뒤,
큼직하게 토막내고,
**미나리**는 뿌리 부분을 넉넉히 잘라서
깨끗이 다듬어 물에 담갔다가 흐르는
물에 씻어 잘라두고,
**미더덕**은 바늘로 찌르고, 물에 담가
짠맛을 빼두어요.

**2** 팬에 식용유를 두르고 콩나물, 낙지, 미더덕 순으로 넣어 살짝 볶고,

**3** **양념장**을 넣고 골고루 섞고,

독신남의
어드바이스

조리할 때에는 강한 불에서
빠르게 익히세요.

독신남의
요리 노트

### 아귀 손질하기

아귀는 껍질과 내장 모두 먹을 수 있으니까 그 냥 토막만 내세요. 표면에 끈적이는 것은 소금 물에 담가 진액이 나오지 않을 때까지 씻은 다 음 체에 놓고 소금을 약간 뿌려 2~3시간 말 려두면 맛있는 아귀 요리를 즐길 수 있답니다.

**4** 미나리, 붉은 고추, 청양고추, 대파 순으로 넣어 볶고,

**5** 마지막으로 녹말물을 넣어 걸쭉하게 만들고, 참기름(1)을 넣고 마무리.

# 미나리 향이 좋아 오징어불고기

### 재료 미리 준비하기

주 재 료 : 오징어(1마리), 미나리(1줌)

양 념 장 : 고춧가루(5)+진간장(3)+다진 파(2)+
설탕(2)+물엿(1)+맛술(2)+다진 마늘(2)+
생강가루, 참기름, 후춧가루(0.5씩)

오징어와 미나리를 매운 양념장으로 버무리고 볶으면
그 맛과 향이 환상이지요.

**1** 오징어는 굵은 소금으로 박박 문질러
흐르는 물에 깨끗이 씻고,

**2** 오징어, 미나리는 적당한 크기로 썰어
준비하고, **양념장**은 분량대로 섞어두고,

**3** 오징어, 미나리를 **양념장**으로 버무리고,

**4** 불판에서 지글지글
볶고 마무리.

재료 더하기
데친 콩나물도 넣어
볶으면 더욱
좋지요.

## 쫄깃 쫄깃한 버섯불고기

**1** 쇠고기(불고기감 1줌), 양파(1줌)에
**양념장** 넣어 무치고,

버섯은 쇠고기 못지않게 맛과 영양이 풍부하지요. 불고기 양념에
쇠고기와 버섯을 같이 버무려 볶으면 밥 비벼 먹기도 좋고,
버거에 얹어 먹어도 좋답니다.

**2** 느타리버섯(1줌), 대파(1줌)도 넣어
무치고,

**3** 강한 불에서 지글지글 볶고 마무리.

**4** 버거에 양상추 깔고 국물을 뺀 버섯불고
기를 올리고 마요네즈 뿌려 먹으면
그 맛이 끝내주지요.

# 대전의 향토 음식 두부두루치기

두부를 한판 두루치면 두부의 씹히는 식감이 유별나지요.

안주로도 좋고, 덮밥으로 먹어도 좋은 대전의 향토 음식 두부두루치기에 도전해 봅니다.

**1** 모든 재료는 깍둑썰기 하고,

**2** 돼지고기는 **양념장**에 버무리고,

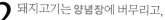

**3** 팬에 식용유 넉넉히 두르고 두부를 튀기듯 지져서 따로 두고,

독신남의 어드바이스
두부의 물기를 잘 닦고 지져야 기름이 튀지 않아요.

**4** 팬에 식용유(2) 두르고 양념한 돼지고기 넣어 볶고,

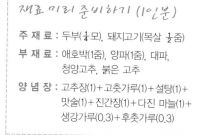

**독신남의 요리 노트**

## 양파를 썰 때 눈물이 난다면?

양파를 썰다가 엉엉 울어 보신 적 있나요? 그럴 때에는 양파를 냉장고에 차게 두었다가 물에 잠시 담가 건져서 썰어보세요.
양파의 매운 성분이 물에 잘 녹기 때문에 껍질을 벗길 때도 물 속에서 벗기고, 썰거나 다질 때 칼에 물을 적시면서 자르면 효과가 있답니다. 이젠 양파 썰다가 울지 마세요.

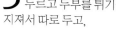

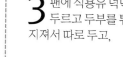

**5** 양파, 애호박, 청양고추, 붉은 고추, 대파, 넣고 남은 **양념장** 마저 넣어 볶고,

독신남의 어드바이스
양념장을 넣을 때 고무주걱으로 긁어 넣으면 깔끔하게 넣을 수 있지요.

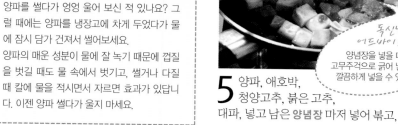

**6** 물($\frac{1}{3}$컵) 넣어 자작자작 끓이다가 지진 두부 넣고, 참기름 약간 넣고 마무리.

# 푸짐하게 먹자 골뱅이무침

골뱅이 무침은 호프집 단골 안주지요.

친구들과 당근, 양파 속에 꼭꼭 숨은 마지막 골뱅이 한 점을 찾으려고 젓가락 전쟁을
하던 때가 생각나네요. 하지만 이젠 골뱅이 캔을 사다가 원 없이 무쳐 먹는 답니다.

**1** 대파는 채 썰어 찬물에 담가 매운맛을 빼고,

**2** 황태포(1줌)는 골뱅이 국물에 담가 불리고,

**3** 불린 황태포와 골뱅이에 **양념장**을 넣어 무치고,

**4** 소면은 삶아 찬물에 헹구고,

**5** 대파, 골뱅이무침, 소면 순으로 접시에 올리고 마무리.

독신남의 요리 노트

## 듬직한 식재료, 통조림

어패류의 살을 조미, 가공하여 만든 통조림은 저장이 쉽고, 오랫동안 보관할 수 있어서 부담없이 장을 봐둡니다. 저는 참치, 스팸, 스위트콘, 죽순 등을 즐겨 쓰는데요. 일단 뚜껑을 열어 사용하고 남은 것은 다른 밀폐용기에 담아 냉장 보관하는 것이 좋습니다.

## 골뱅이무침 더욱 맛나게 먹기!

간단하게 대파만 곁들여도 좋지만 각종 야채를 곁들이면 더욱 푸짐하지요. 오이, 당근, 미나리, 양파, 깻잎, 양배추, 청양고추, 붉은 고추 등을 넣어 무쳐도 좋고, 매운맛을 달래기 위해 달걀말이를 해서 같이 내면 더욱 좋아요

땀나게 매운 # 소시지야채볶음

생맥주 마실 때 나오는 안주 아시죠? 소야...

이걸 땀이 날 정도로 맵게 볶아보았어요.

느끼한 맛이 전혀 없고 맥주가 목에 척척 감겨 넘어갑니다.

**재료 미리 준비하기 (1인분)**

**주 재료 :** 비엔나소시지(1줌)

**부 재료 :** 고추기름(5), 마늘, 대파,
　　　　　양파(1줌), 당근, 청양고추, 붉은 고추

**양 념 :** 맛술(3), 토마토 케첩(2), 굴 소스(1)

**독신남의 어드바이스**
어묵과 마찬가지로 소시지를
뜨거운 물에 살짝 데치면
살균 효과가 있답니다.

**1** 비엔나 소시지, 양파,
당근, 청양고추, 붉은 고추를 준비하고,

**2** 고추기름(5)에 마늘, 대파 볶아 향을
내고,

**독신남의 어드바이스**
아이들 간식으로 하시려면 양배추,
푸른 피망, 붉은 피망을 사용하고
설탕을 조금 넣어주세요.

**3** 비엔나소시지, 양파, 당근, 청양고추,
붉은 고추를 모두 볶다가

**4** 맛술(3), 토마토 케첩(2), 굴 소스(1) 넣어
버무린 후 깨 송송 뿌리고 마무리.

**독신남의 요리 노트**

## 소시지

소시지는 돼지고기나 쇠고기(햄을 만들 때 나오는 부스러기 고기)를 곱게 갈아
동물의 창자 또는 인공 케이싱(casing)에 채운 서양식 순대라고 할 수 있어요.
소시지는 그리스, 로마시대를 거쳐 많은 사람들에게 사랑받는 음식이었지요.
이런 소시지가 유럽의 중심부에 들어간 것은 상당한 세월이 흐른 뒤인 십자군
전쟁 때예요. 전쟁에 참가했던 병사 중 살아 남은 일부가 영국으로 돌아가면서
보석, 직물과 함께 소시지를 가지고 간 것이 현재와 같이 유럽의 대표적인 고기
가공품이 된 것이지요. 비엔나 소시지의 원산지는 오스트리아 빈이랍니다.

## 소시지의 조리와 보관

날 것을 그대로 카나페나 샐러드로 이용해도 되고, 가열할 경우에는 빨리 조리
해야 딱딱해지는 것을 막을 수 있어요. 소시지는 보관 기간이 길지 않으므로 되
도록 빨리 사용하고, 남은 것은 밀봉해서 냉장 보관해야 해요.

# 새콤한 대구살케첩볶음

대구살을 이용해서 새콤달콤한 술안주를 만들어 보았어요.

명절날 생선전이 많이 남으면 응용해서 만들어도 좋아요.

**1** 대구살(2줌)에 맛술, 소금, 후춧가루를 약간씩 뿌려 밑간하고,

**2** 한 입 크기로 썰어 녹말가루 묻히고,

독신남의
요리노트

## 그 맛이 일품! 베이컨말이감자

베이컨말이감자는 조리 과정이 간단하면서도 맛이 일품이지요. 포근포근 감자와 고소한 베이컨의 조화를 느껴보세요.
**재료 :** 삶은 감자(1개), 베이컨(4장), 소금

**1.** 삶은 감자에 베이컨을 요지로 고정하고 소금 뿌려 굽고 마무리.

**3** 녹말가루($\frac{1}{2}$컵), 달걀(1개), 물(2) 섞어 튀김옷을 만들어 입히고,

**4** 식용유에 노릇하게 튀겨내고,

**5** 팬에 식용유(1) 두르고 양파, 당근, 피망 볶다가 케첩($\frac{1}{2}$컵), 물(4), 식초(2), 맛술(2), 설탕(1), 굴소스(1) 넣어 끓이고,

**6** 튀긴 대구살을 넣어 버무리고 참기름 약간 넣고 마무리.

# 오동통 오징어순대

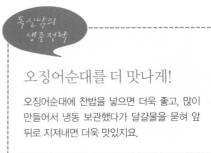

독신남의
생존전략

## 오징어순대를 더 맛나게!

오징어순대에 찬밥을 넣으면 더욱 좋고, 많이
만들어서 냉동 보관했다가 달걀물을 묻혀 앞
뒤로 지져내면 더욱 맛있지요.

구입한 지 오래되서 시들시들 하던 숙주가
냉동실에서 잠자던 오징어 품으로 들어갔어요.

독신남의
어드바이스

오징어는 소금으로 문지르며
껍질을 벗긴 후 속에
밀가루를 발라두세요.

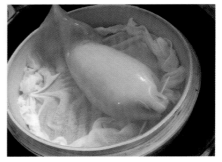

**1** 다진 소고기(⅓컵)는 간장, 설탕, 참기름,
깨를 넣어 조물조물 무치고, 숙주(⅓컵)는
데쳐서 다지고, 오징어 다리도 다지고, 대파,
풋고추, 붉은 고추도 다지고, 두부(1컵)는
으깨서 물기를 짜고,

**2** 모든 재료와 양념장을 잘 섞어 순대소를
만들고,

**3** 오징어 몸통 속에 순대소를 넣어 이쑤
시개로 막고 찜통에서 15분간 찌고
마무리.

## 재료 미리 준비하기 (1인분)

**주 재 료** : 닭(영계 1마리)

**부 재 료** : 찹쌀, 인삼, 황기, 대추, 밤, 통마늘

**양 념** : 대파 · 꽃소금 · 후춧가루

독신남의
요리 노트

### 체질 따라 삼계탕 만들기

**혈압이 높은 사람**

인삼은 넣지 않고 닭의 기름 부위와 껍질을 완
전히 제거해 끓입니다. 끓이면서 떠오르는 기
름도 걷어내세요.

**땀이 많이 나는 사람**

삼계탕의 주재료인 인삼과 닭고기는 성질이
따뜻하여 원기를 돋워주고, 부재료인 대추, 마
늘, 찹쌀 등은 비위를 따뜻하게 하고 진액을
보충시켜 줍니다. 땀이 많은 사람은 특히 피부
기능을 강화하면서 땀이 새어나가는 것을 막
아주는 황기를 넣는 것이 필수랍니다.

삼계탕은 원기가 약할 때, 입맛이 없을 때, 산모의 산전 산후에,
와병 중에 있는 환자의 기력 회복에 효능이 입증된 전통 음식입니다.
특히 땀을 많이 흘리는 여름철 보양식으로 그만이지요.

**1** 3시간 동안 불린 찹쌀을 영계 뱃속에 넣고,

**2** 닭의 아래쪽 양면에 칼집을 넣은 다음 닭 다리를 서로 엇갈리게 꽂아 모양을 잡고,

**3** 모든 재료를 넣고, 닭이 잠길 만큼 물을 부어 2시간 이상 끓이면서 수시로 기름과 거품을 걷어내고 마무리.

## 환상의 궁합 갈낙전골

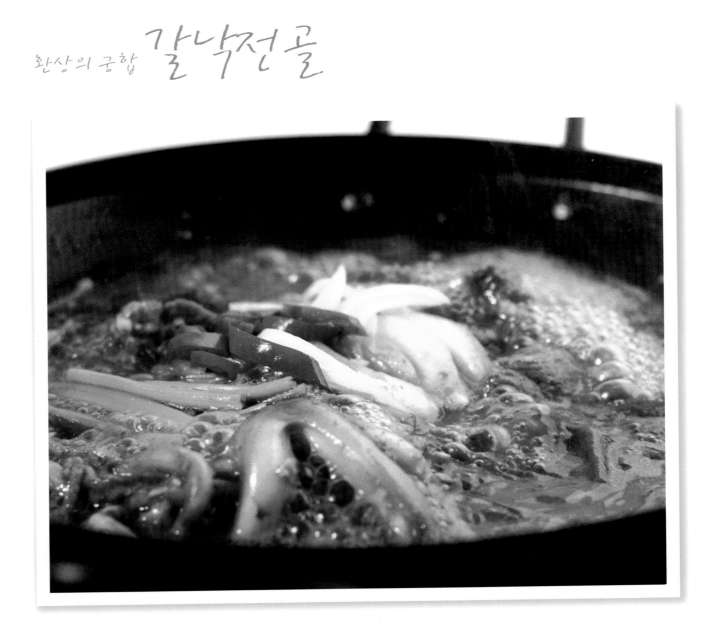

옛말에 '더위에 쓰러진 소에게 낙지를 먹이면 벌떡 일어난다'는 말이 있지요.

갈비와 낙지의 환상적인 만남을 통해 나오는 담백한 국물은 보약입니다.

손님상에 내어 즉석에서 끓여 먹으면 그 맛이 한결 더하지요.

**1** 갈비는 얇게 저며 찬물에 담가 핏물을 빼고,

**2** 핏물을 뺀 갈비를 갈비 양념장으로 버무려 재우고,

**독신남의 요리 노트**

## 전골이란?

쇠고기·돼지고기·내장·해물 등을 잘게 썰어 양념한 뒤 전골냄비에 야채와 버섯 등을 둘러 담고 육수를 조금 부어 즉석에서 끓여 먹는 음식을 전골이라 합니다.

완전히 볶아서 담아 내면 '볶음'이라고 하고, 물을 조금 붓고 바특하게 미리 끓여서 올리면 '조치' 또는 '찌개'라고 하지요. 재료는 대개 생으로 쓰지만 국물이 탁하게 되거나 익는 데 시간이 걸리는 것은 미리 삶거나 볶아서 사용합니다.

전골은 원래 궁중 음식에서 전수된 것으로 잔칫상 또는 주안상을 차릴 때 곁상에 재료와 참기름, 장국 등을 준비하여 즉석에서 볶아 대접하는 음식이에요. 취향에 맞춰 알맞게 익혀 먹을 수 있는 매우 특색 있고 훌륭한 요리지요.

전골은 주재료에 따라 조개전골, 내장전골, 도미전골, 생치전골, 송이전골, 낙지전골, 두부전골, 닭전골, 고기전골, 곱창전골 등 여러 가지가 있습니다.

**3** 낙지는 머리의 내장, 먹통, 눈알을 떼고, **낙지 양념장**으로 버무려 재우고,

**4** 달군 냄비에 갈비를 넣고 강한 불에서 지지고,

**재료 더하기**
팽이버섯과 쑥갓을 듬뿍 올리면 더 좋아요.

**5** 낙지, 미나리, 양파, 대파, 청양고추, 붉은 고추를 올리고 멸치다시마 국물(2컵)을 부어 끓이고,

**독신남의 어드바이스**
간장은 언제나 국물이 충분히 끓은 뒤에 냄비 가장자리로 흘려 살짝 태우듯 넣고 다시 한소끔 끓으면 휘저어야 해요.

**6** 국간장(1)을 냄비에 흘려 넣고 소금으로 간하고 마무리.

# 풀코스로 즐기는 버섯매운탕

버섯을 좋아하신다면 온가족이 모여 버섯매운탕을 끓여드세요.

매운탕을 다 드신 후에는 남은 국물에 밥을 볶아 풀코스로 즐겨보세요.

재료 미리 준비하기 (2인분)

주 재 료 : 느타리버섯(3줌), 표고버섯(3개),
팽이버섯(1줌)

부 재 료 : 쑥갓(1줌), 배추(1줌), 호박, 고추, 대파,
칼국수 면, 밥

양 념 장 : 고춧가루(3)+고추장(1)+된장(1)+다진
마늘(0.5)+생강가루(0.3)+소주(1잔)

볶음밥 재료 : 밥(1공기), 다진 쑥갓 줄기(2줌),
다진 당근(1), 다진 양파(2),
달걀(1개), 소금, 참기름

독신남의
요리 노트

## 말린 표고버섯

표고버섯은 말
리면 비타민 D
가 더 풍부해진
다고 해요. 말
린 표고버섯은
밀폐용기에 담
아 실온에 보관

하고, 요리에 사용할 때는 미지근한 물에 불려
물기를 짜서 사용하면 향도 좋고 씹히는 맛도
더 하지요. 표고버섯 우린 물은 육수로 사용해
도 되고, 불린 표고버섯이 남았을 경우에는 냉
동 보관하는 것이 좋아요.

**1** 무, 대파, 다시마,
국멸치, 표고버섯
밑둥과 표고버섯 불린
물을 끓여서 육수를 준비하고,

독신남의
어드바이스
마른 표고버섯을 물(3컵)에
불려서 그 물을 육수로
이용하세요

**2** 매운탕 재료로는 버섯, 쑥갓, 배추, 호박,
고추, 대파를 준비하고, 양념장도 준비
하고, 볶음밥 재료로는 다진 쑥갓 줄기, 다진
당근, 다진 양파, 달걀을 준비하고,

**3** 매운탕 재료를 담고,
양념장과 준비한 육수를
자작하게 넣어 끓이고,

재료 더하기
쇠고기를 넣으면
더욱 좋지요.

**4** 익힌 버섯은 와사비 간장에 찍어 먹고,

**5** 국물에는 칼국수 면 넣어 끓여 먹고,

**6** 마지막으로 식용유(2) 두르고 볶음밥
재료 넣고 볶아 소금으로 간하고 참기름
넣고 마무리.

# 얼큰하고 따끈한 육개장

재료 미리 준비하기 (4인분)

주 재료 : 쇠고기(양지머리 2줌)
부 재료 : 무(3줌), 대파(1줌), 고사리(1줌),
         숙주(1줌)
양 념 : 식용유(2), 고춧가루(4), 국간장(3), 맛술(1),
        다진 마늘(1), 생강가루(0.5), 소금, 후춧
        가루, 참기름

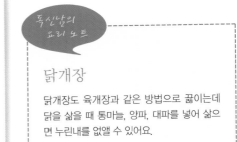

독신남의
요리 노트

## 닭개장

닭개장도 육개장과 같은 방법으로 끓이는데
닭을 삶을 때 통마늘, 양파, 대파를 넣어 삶으
면 누린내를 없앨 수 있어요.

날씨가 추워지면 따끈한 국물이 생각나지요.
쌀쌀한 날 감기가 걱정된다면 얼큰한 육개장을 끓여
원기를 회복하세요.

**1** 쇠고기(양지머리 2줌)는 찬물에 1시간
동안 담가 핏물을 빼고, 고사리, 대파,
숙주나물은 소금물에 데쳐서 찬물로 헹궈두고,

**2** 물(10컵)에
쇠고기, 무를
넣어 3시간 동안 푹 삶은
다음 쇠고기는 결대로 찢어두고,

독신남의
어드바이스

거품이 나면 깨끗이 걷어내고,
쇠고기 삶은 물은 다 끓인
다음 체에 걸러 맑은 육수만
준비하세요.

**3** 냄비에 **양념**을 넣어 볶고, 고사리(1줌),
대파(1줌), 숙주(1줌), 쇠고기(2줌), 무(3줌)
도 넣어 볶고, 쇠고기 삶은 물을 부어 끓이다가
소금, 후춧가루로 간하고 참기름으로 마무리.

재료 미리 준비하기(2인분)

주 재 료 : 가래떡(2줌)
육 수 : 쇠고기(양지머리 1줌), 마늘, 대파, 양파
지 단 : 달걀(1개)
소 고 기　양 념 : 진간장, 다진 마늘, 다진 파,
　　　　　　　　후춧가루, 참기름(약간씩)
양 념 : 국간장(1), 소금, 후춧가루

매년 새해가 되면 떡국을 먹는데 새해가 밝았다는 기쁨보다는 자꾸
나이만 더해 가는 노총각 신세가 마음을 서글프게 합니다.
그래도 새해엔 떡국을 꼭 먹어줘야 겠죠?

**1** 물(10컵), 쇠고기, 마늘, 대파, 양파 넣어
1시간 이상 끓여 육수를 만들고,

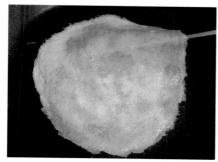

**2** 달걀 흰자와 노른자를 분리해서 체에
내리고, 팬에 식용유(1)를 둘러 키친
타월로 닦아내고 약한 불에서 황백지단을
부치고,

**3** 체에 내린 맑은 육수(5컵)에 가래떡을
넣어 끓이고, 국간장(1), 소금, 후춧가루로
간하고,

**4** 쇠고기는 먹기 좋게 찢어서 진간장,
다진 마늘, 다진 파, 후춧가루, 참기름을
약간씩 넣어 무쳐 떡국에 올리고 마무리.

# 만드는 재미가 솔솔한 만두국

겨울철 별미로 통하는 만두는 온가족이 옹기종기 모여 함께 만들어 먹는 재미가 솔솔하지요.
만두소를 이용해서 여러 가지 모듬전을 만들면 더욱 푸짐한 상이 차려진답니다.

독신남의
요리 노트

## 만두피 만들기

밀가루(1컵)에 물(4), 식용유(1), 소금을 넣어 반
죽하고 30분 정도 젖은 면보나 위생비닐에 넣
어 반죽이 마르지 않게 두었다가 지름 7~8
cm 정도로 밀어 붙지 않도록 사이사이에 밀
가루를 뿌려두세요.

## 모듬전

**고기전**은 만두소를 먹기 좋은 크기로 완자를
만들어 밀가루, 달걀물 순으로 묻혀 지지고,

**깻잎전**은 깻잎 안쪽에 밀가루 묻힌 다음 만두
소를 넣고 반으로 접은 다음 밀가루, 달걀물
순으로 묻혀 지지고,

**두부전**은 두부에 밀가루, 달걀물 순으로 묻혀
지지면 훌륭한 세 가지 모듬전이 되지요.

**1** 만두소는 다진 돼지고기, 김치, 두부,
숙주나물, 불린 당면, 다진 파, 다진 마늘,
후춧가루, 소금, 참기름을 넣어 준비하고,

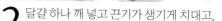

**2** 달걀 하나 깨 넣고 끈기가 생기게 치대고,

독신남의
어드바이스
만두피에 물을
발라가며 붙이세요

**3** 만두피에 소를 넣어 반을 접고,

**4** 양쪽 끝을 모아 붙여 예쁘게 만들고,

**5** 물(5컵)에 다시마와 국멸치를 넣고
끓이다가 끓기 직전에 다시마만 건져내고,
5분 뒤 국멸치도 건져내고,

**6** 만두를 넣어 끓이고, 국간장(1), 소금 간
하고, 고추, 대파, 양파, 달걀, 김 등을
취향대로 넣고, 참기름, 후춧가루 뿌려 마무리.

# 꽃빵 속의 고추잡채

채 써는데 15분, 볶는 데 5분, 모두 20분이면 일품 요리 고추잡채가 탄생합니다.

매콤한 잡채를 꽃빵 사이에 넣어 먹는 그 맛을 느껴보세요.

꽃빵은 대형 마트에 냉동 만두 파는 곳에서 사다가 찜통에 찌기만 하면 되지요.

**120**

독신남의
어드바이스
돼지고기는 최대한
가늘게 채썰어야
좋아요.

**1** 모든 재료는 채 썰고, 돼지고기에는 맛술(1), 소금, 후춧가루를 뿌려 밑간을 하고,

**2** 고추기름(4)을 둘러 돼지고기를 살짝 볶고,

독신남의
생존전략

## 크레이프 만들기

고추잡채는 꽃빵과 같이 먹어야 제격이지만, 크레이프에 싸서 먹는 맛도 일품이지요.

**3** 양파, 붉은 고추, 피망 순으로 넣어 30초 내에 볶고,

독신남의
어드바이스
팬은 충분히 달구고 높은
온도에서 빠르게 볶아야 재료의
색과 맛을 살릴 수 있어요.

**4** 굴 소스(1), 후춧가루로 간하고, 참기름 약간 넣고 마무리.

**1.** 달걀(3개)이 연한 색이 나도록 풀고, 우유(1컵), 녹인 버터(5) 넣어 섞고, 밀가루(박력분 1컵)는 체에 내려 섞어주고,

**2.** 반죽을 체에 내려 고운 입자만 남게 하고 냉장고에 넣어 1시간 숙성시키고,

**3.** 약한 불에서 앞뒤로 구워 얇은 크레이프(서양식 부침개) 만들고,

**4.** 크레이프에 고추잡채 올려 재주껏 말아먹기.

# 오묘한맛 오징어굴 소스볶음

재료 미리 준비하기 (1인분)

주 재 료 : 물오징어(작은 것 1마리)
부 재 료 : 식용유, 마른 고추, 마늘, 대파
양 념 : 맛술(4), 굴 소스(1), 진간장(2),
　　　　참기름(1), 깨

중화풍의 오징어 볶음인데요. 마른 고추와 소스의 절묘한 조화가 새로운
맛을 내지요. 매콤한 요리를 좋아하시는 분에게 적극 추천합니다.

**1** 오징어, 마늘, 대파, 마른 고추를 적당히 자르고,

**2** 팬에 식용유(2)를 두르고 마른 고추, 마늘, 대파를 볶아 향을 내고,

**3** 오징어 넣고, 맛술(3), 굴 소스(1), 진간장(2) 넣어 볶다가 참기름, 깨로 마무리.

재료 더하기
양파, 샐러리 등을 넣어도 잘 어울린답니다.

재료 미리 준비하기 (1인분)

**주 재 료 :** 밥(1공기), 날치알(1줌)
**부 재 료 :** 다진 당근, 다진 양파, 김, 무순, 오이
**양 념 :** 참기름(1), 진간장(1), 깨

독신남의
요리 노트

## 무순 기르기

무씨를 탈지면에 뿌리고, 스프레이로 마르지
않게 물을 주면 일주일 안에 먹을 만큼 자라는
데요. 키우는 재미와 먹는 재미가 쏠쏠 하답니
다. 무씨는 종로 5가의 씨앗 파는 가게에서 쉽
게 구할 수 있고 한 줌에 1,000원 정도 하니까
꼭 한 번 키워보세요.

## 날치알 보관

냉동 상태로 사고 보관할 때도 냉동 보관해요.
해동은 냉장 상태에서 해동해야 비린내가 나
지 않아요. 비린내가 나는 날치알은 레몬즙을
뿌려주거나 오렌지 주스에 담갔다가 쓰면 탱
탱하고 비린내도 나지 않아 좋아요.

간장볶음밥에 신선한 야채와 날치알을 올려 먹으면 톡톡 터지는
알들의 향연... 한 그릇을 게눈 감추듯 해치운답니다.

독신남의
어드바이스
김치를 다져서 조금
넣으면 더욱
좋아요

**1** 팬에 참기름(1) 두르고
다진 당근, 다진 양파를 볶고,

**2** 밥(1공기), 진간장(1) 넣어 볶고, 그릇에
담아 깨 뿌리고, 김, 오이, 날치알, 무순
올리고 마무리.

# 이렇게 간단할 수가 탕수육

중국집에서는 비싼 요리로 통하는 탕수육. 이제 집에서 저렴한 돼지 등심으로 푸짐하게 즐겨보세요. 여기에 고량주 한 잔 곁들이면 금상첨화!

재료 미리 준비하기 (2인분)

**주 재 료** : 돼지고기 등심(2줌), 양파·당근·
청경채·파인애플·대추(1줌씩)

**밑 간 양 념** : 맛술(1), 다진 마늘(0.5),
소금(0.5), 후춧가루

**튀 김 옷** : 녹말($\frac{1}{2}$컵)+카레가루(0.3)+
달걀(1개)+물(2)

**탕 수 소 스** : 설탕(12)+물(12)+식초(6)+
진간장(2)

**녹 말 물** : 녹말(3)+물(3)

**1** 돼지고기는 밑간 양념으로 간하고, 체에
내린 녹말($\frac{1}{2}$컵), 카레가루(0.3),
달걀(1개), 물(2)을 섞어 **튀김옷**을 준비하고,

**2** **탕수 소스**와 녹말물을 준비하고, 당근,
파인애플, 양파, 청경채, 대추는 1줌씩
먹기 좋게 썰고,

독신남의
요리 노트

## 탕수육 응용하기

냉동 만두나 느타리버섯에 튀김옷을 입혀 튀
겨서 탕수 소스에 버무려도 좋아요. 탕수육에
들어가는 야채는 색을 다양하게 맞추면 좋은
데 녹색을 내는 야채는 오이, 피망, 청경채 중
어떤 것을 써도 상관없어요.

탕수만두

탕수버섯

독신남의
어드바이스

식용유는 넉넉히 하고 서로
뭉치지 않게 긴 젓가락으로
분리해 가며 튀기세요.

**3** 끓는 식용유에
튀김옷 한 방울을 넣어 바닥에 가라앉았
다가 바로 올라올 정도의 온도에서 노릇하게
튀기고,

**4** 체에 걸러 잠시 식힌 뒤, 높은 온도에서
색이 나도록 순간적으로 다시 한 번
튀겨 접시에 담고,

재료 더하기
불린 목이버섯을
넣으면 더 좋아요.

**5** **탕수 소스**를 끓이다가
양파, 당근, 대추, 파인애플, 청경채
순으로 넣어 익히고,

**6** 녹말물을 넣어 걸쭉하게 되면 참기름 한
방울 넣고 튀긴 돼지고기에 부어주고
마무리.

# 매콤새콤한 닭튀김 깐풍기

맥주나 소주, 어느 술에도 잘 어울리는 일급 안주 깐풍기로 집들이를 해보세요.
닭은 미리 한 번 튀겨 준비해 두고, 손님상에 내기 전에 다시 높은 온도에서 빠르게 튀겨
소스에 버무려 내면 매콤새콤 깐풍기로 성공적인 집들이를 할 수 있을 겁니다.

**1** 닭은 껍질을 벗기고 작은 크기로 썰어
**밑간 양념**으로 간하고,

**2** 끓는 식용유에 **튀김옷** 한 방울을 넣어
바닥에 가라앉았다가 바로 올라오는
온도에서 튀김옷을 입힌 닭을 노릇하게 튀기고,

**3** 체에 걸러 잠시 식히고, 높은 온도에서
색이 나도록 순간적으로 다시 한 번
튀기고,

**4** 고추기름(4)에 양파 · 대파 · 청양고추 ·
붉은 고추를 1줌씩 넣어 볶고,

독신남의
요리 노트

### 깐풍이란?

중국 요리 중에 국물 없이 소스를 묻히듯 하는
요리를 '깐풍' 또는 '깜풍' 이라고 하는데요.
닭을 사용하면 '깐풍기', 돼지고기를 사용하
면 '깐풍육', 새우를 사용하면 '깐풍새우' 라
고 한답니다.

**5** **깐풍 소스**를 넣어
잠시 끓이다가,

독신남의
어드바이스
깐풍 소스는 넣기 전에
젓가락으로 저어 설탕을 완전히
녹여주세요.

**6** 튀긴 닭을 넣어 흔들어서 버무리고
마무리.

# 곰보할머니 마파두부

마파두부는 중국의 서남부에 자리잡은 쓰촨성 청두에서 유래한 음식인데요.

이 음식을 만든 할머니의 얼굴이 곰보였다고 합니다.

튀긴두부가 곰보할머니 얼굴과 비슷하여 마파두부라고 불려지게 된 것이지요.

**1** 두부(2줌)는 식용유에 살짝 튀겨 체에 받쳐 두고,

**2** 식용유에 고춧가루(0.5), 다진 마늘(0.3), 생강가루(0.3) 넣어 볶다가,

독신남의
요리 노트

## 아게다시도우후

아게다시도우후는 일본 두부 요리인데요. 부드럽게 튀긴 두부를 소스에 적셔 먹는 맛이 일품이랍니다.

1. 두부는 먹기 좋은 크기로 썰어 1시간 정도 체에 받쳐 물기를 빼고 녹말가루, 달걀물 순으로 묻혀 살짝 튀겨 그릇에 담아두고,

2. 냄비에 멸치다시마 국물(1컵) 붓고 진간장 (2), 맛술(2), 설탕(0.5) 넣어 끓여서 튀긴 두부를 담아둔 그릇에 붓고 간 무(2), 실파(1)를 얹고 마무리.

**3** 다진 돼지고기(1줌)도 넣어 볶고,

**4** 마파소스를 부어 끓이다가

**5** 튀긴 두부 넣어 버무리고,

**6** 녹말물 풀어 걸쭉하게 하고, 실파 송송 뿌리고 마무리.

# 닌자도 울고간 난자완스

부드러운 완자와 쫄깃하고 아삭한 버섯, 죽순의 절묘한 앙상블.
난자완스로 가족과 함께 즐거운 시간을 가져보세요.

**독신남의 어드바이스**
끈기가 생기도록 오래 치대야 쫄깃하고 부드러운 완자가 되지요. 완자를 빚을 때 손에 식용유를 바르면 깔끔한 완자를 만들 수 있어요.

**1** 다진 돼지고기 (2줌)에 달걀, 소금, 후춧가루, 녹말(5)을 넣고 잘 치대고,

**2** 식용유를 넉넉히 부어 완자를 앞뒤로 자작자작 튀기고,

**독신남의 요리 노트**

## 난자완스 활용하기

난자완스는 많이 만들어 튀겨서 냉동 보관했다가 필요할 때마다 꺼내어 과정 3번부터 요리하면 빠르게 난자완스를 즐길 수 있답니다.

## 노미완스

돼지고기 완자의 찹쌀찜인 노미완스는 난자완스의 1번 과정에서 완자를 불린 찹쌀에 굴려 김이 오른 찜통에서 찐 것입니다. 겨자 소스에 찍어 먹으면 또 다른 맛입니다.

**겨자 소스 만들기**
연겨자(2)＋진간장(2)＋설탕(4)＋식초(4)＋참기름(2)

**3** 팬에 식용유(1)를 두르고 대파, 마늘을 볶아 향을 내고,

**4** 양송이버섯, 표고 버섯, 청경채, 죽순, 붉은 고추 넣어 볶고,

**독신남의 어드바이스**
야채는 색에 따라 푸른 피망, 붉은 피망, 양파를 넣어도 좋지요.

**5** 소스물을 붓고, 튀긴 완자를 넣어 3분간 조리고,

**6** 녹말물을 풀어 걸쭉하게 하고, 참기름 넣고 마무리.

# 귀한 손님이 오신다면 류산슬

담백하면서도 오돌오돌 아삭한 맛이 일품인 류산슬.
귀한 손님이 오시는 날엔 류산슬을 준비해 보세요.
류산슬은 덮밥으로 먹어도 좋답니다.

**1** 돼지고기, 해삼, 새우는 소금, 후춧가루로
밑간하고, 녹말가루(1) 넣어 버무리고,

**2** 식용유를 넉넉히 둘러 돼지고기, 해삼,
새우를 중간 불에 튀기듯 볶아 따로 두고,

**3** 달군 팬에 다시 식용유 두르고 마늘, 생강,
대파, 맛술을 넣어 볶아 향을 내고,

**4** 죽순, 표고버섯, 팽이버섯, 호부추
순으로 넣어 볶고,

독신남의
요리 노트

## 류산슬은?

류산슬의 '류'는 '걸쭉하다'는 뜻이고, '산'은
'세 가지 해산물'을 뜻하고, '슬'은 '가늘게
채 썰다'라는 뜻이 있어요.
이름처럼 류산슬 요리를 할 때에는 길고 가늘
게 채 써는 것이 가장 중요하답니다.
불린 해삼은 마트의 해산물 코너에서 구입할
수 있어요.

독신남의
어드바이스
국물 맛을 보면서 소금으로
조금씩 간을 맞추세요

**5** 물(1컵) 넣어 끓이
면서 굴 소스(0.5),
소금, 후춧가루로 간하고,

**6** 녹말물 부어 걸쭉하게 하고, 2번 과정의
볶은 주재료를 넣어 버무리고, 참기름
넣고 마무리.

# 간장 소스의 특별함 호부추말이튀김

재료 미리 준비하기 (1인분)

주 재 료 : 호부추(24줄기)

튀 김 옷 : 튀김가루(2)+녹말가루(1)+달걀(1개)

간 장 소 스 : 진간장(3)+굴 소스(1)+식초(1)+
　　　　　　 고추기름(1)+다진 마늘(1)+
　　　　　　 두반장(0.5)+설탕(0.5)+
　　　　　　 참기름(0.3)

중국 요리의 볶음용으로 많이 사용하는 호부추를 이용해서 튀김을 만들면 씹히는 맛이 일품이지요. 거기에 특별한 간장 소스까지 곁들이면 손님상에 내도 손색이 없답니다.

**독신남의 요리 노트**

## 호부추

호부추는 중국부추라고도 하는데요. 중국 요리의 볶음이나 튀김에 많이 이용되는 채소로 달래과에 속하고 독특한 향미가 있어서 식욕을 돋구어 주며 소화 작용을 도와주지요.
또 지사제로 쓰이기도 해요. 이질, 혈변에도 효과가 있으며 몸이 찬 사람에게 좋은 식품으로 알려져 있어요. 고추잡채를 하듯 부추잡채를 해도 아주 맛있답니다.

**독신남의 어드바이스**
호부추는 살짝 데쳐서 사용하면 매듭 짓기가 좋아요.

**1** 호부추 5가닥을 두 번 접어서 중간을 다른 호부추로 묶고,

**2** 튀김가루(2), 녹말가루(1), 달걀(1개) 섞어 만든 튀김옷을 입혀 튀기고,

**3** 사선으로 잘라 접시에 담고, 간장 소스를 곁들여 마무리.

# 튀긴 고구마 조림 맛탕

재료 미리 준비하기 (1인분)

주 재 료 : 고구마(2줌)
설 탕 시 럽 : 식용유(1), 설탕(4),
　　　　　　흑임자(검은 깨)

**1** 적당한 크기로 자른 고구마를 3분 정도 튀기고,

중국요리의 일종인 맛탕은 달달하고 고소한 맛으로 출출할 때 간식으로 즐겨 먹지요. 밤을 튀겨서 같은 방법으로 만들어도 좋아요.

**2** 냄비에 식용유(1) 두르고, 설탕(4)을 녹이고

**3** 튀긴 고구마를 넣어 버무리고,

**4** 흑임자 뿌리고 마무리.

독신남의 어드바이스
튀긴 고구마가 뜨거울 때 설탕 시럽에 넣어야 코팅이 잘 되고, 완성된 맛탕을 한 개 씩 흐르는 물에 식혀 접시에 담으면 서로 붙는 것을 방지할 수 있지요.

# 중국식 닭고기땅콩볶음

닭고기 가슴살을 중국식으로 볶은 닭고기땅콩볶음은
땅콩의 고소함과 고추의 매콤함이 잘 어우러진 음식이에요.

**1** 닭고기(가슴살 1줌)는 소금, 후춧가루로
밀간하고, 녹말가루(1) 넣어 버무리고,

**2** 닭고기와 케슈넛(땅콩)을 튀겨내고,

**3** 팬에 고추기름(1) 두르고 맛술(2), 대파,
마늘, 마른 고추를 넣어 볶아 향을 내고,
표고버섯, 튀긴 닭고기, 튀긴 케슈넛
(땅콩)을 넣어 볶고,

**4** 굴 소스(1), 간장(1), 설탕(0.5), 후춧가
루, 물(½컵) 넣어 끓이고,

**5** 녹말물 넣어 걸쭉하게 하고, 참기름 넣
어 마무리.

독신남의
요리 노트

## 신림동 철판 순대볶음

맛있고 푸짐한 신림동 철판 순대볶음은 젊은이들에게 언제나 인기만점이지요.
멀리 신림동까지 나갈 수 없을 때에는 집에서 즐겨보세요.

**주재료** : 순대(2줌), 양배추(2줌),
양파(1줌), 당근, 깻잎, 들깨가루

**부재료** : 팽이버섯, 대파, 청양고
추, 붉은 고추

**양념장** : 고추장(4)+두반장(2)+
굴 소스(1)+간장(1)+맛술(3)+설
탕(2)+다진 마늘(2)+후춧가루+
참기름

재료 더하기
콜라를 넣으면 맛이
더욱 좋지요.

**1.** 팬에 식용유(4)
두르고 순대(2줌), 양배추(2줌), 양
파(1줌), 당근, 양념장 순으로 올려
볶고,

**2.** 팽이버섯, 대파, 고추, 깻잎, 들깨
가루 넣어 볶고 마무리.

# 일본식 빈대떡 오코노미야끼

1997년에 일본을 여행할 때 맥주를 마시며 오코노미야끼를 처음 먹어봤는데 가다랑어포가 하늘하늘 춤추는 모습이 제 마음을 사로잡았어요. 오코노미야끼는 요리 초보도 맛과 멋을 낼 수 있는 일본 부침개입니다. 맛은 돈까스 소스가, 멋은 가스오부시가 살려주지요.

## 재료 미리 준비하기 (2인분)

반 죽  재료 : 부침가루(1컵), 물(¾컵),
           달걀(1개), 우스터 소스(2)

고 기  재료 : 오징어, 삼겹살(베이컨)

야 채  재료 : 양배추(1줌), 대파

소 스 : 돈까스 소스, 마요네즈

특 별  재료 : 가스오부시(가다랑어포)

가스오부시는 가다랑어를 얇게
포를 떠 말린 것인데 국멸치처
럼 국물을 내는데 사용하지요.
큰마트에서 수입코너나 건어물
코너에서 쉽게 구입 할 수 있
어요.

**독신남의 어드바이스**
우스터 소스가 없다면
소금으로 간을
하세요

**재료 더하기**
튀김 부스러기가
있다면 같이
넣어주세요

**1** 부침가루(1컵)에
물(¾컵), 달걀(1개),
우스터 소스(2)를 풀어 반죽을 만들고,

**2** 반죽을 두 개로 나누어 고기 반죽과
야채 반죽을 만들고,

**독신남의 요리 노트**

### 오코노미야끼는?

오코노미야끼는 '자기가 좋아하는 것을 철판
에 구워먹는다.' 는 뜻이 있는데 맛의 비밀은
소스에 있어요. 우리나라 돈까스 소스로 해도
좋지만 일본 전통의 맛을 느끼고 싶으시면 오
타후쿠 소스를 사용해 보세요. 일본의 오코노
미야끼 전문점 대부분이 이 소스를 사용한다
고 하네요.
또 반죽에 마를 갈아 밀가루와 마 3 : 1 비율
로 섞어 넣으면 마의 끈끈한 점성이 반죽을 더
욱 찰지게하고 소화도 돕고 은은한 단맛도 느
낄 수 있지요.

**3** 팬에 식용유를 두르고 야채 반죽을 먼저
익히다가

**4** 고기 반죽을 얹고,

**5** 휙~ 뒤집고,

**독신남의 어드바이스**
밑면이 완전히 익고 팬을 앞뒤로
흔들어보아 반죽이 미끄러지듯
움직일 때 뒤집어야
망가지지 않아요.

**6** 다시 뒤집어 마요네즈와 돈까스 소스를
뿌리고, 가스오부시를 올리고 마무리.

# 새 구이 야끼도리

재료 미리 준비하기 (2인분)

주 재 료 : 닭다리(4개), 소금, 후춧가루
부 재 료 : 양배추, 마른 고추
양 념 장 : 진간장(4)+맛술(8)+설탕(1)+
　　　　　 다진 마늘(0.5)+생강가루(0.3)
녹 말 물 : 녹말가루(3)+물(3)
된장 소 스 : 된장(1)+다진 마늘(0.5)+
　　　　　 다진 파(0.3)+설탕(0.3)+
　　　　　 물엿(0.3)+깨+참기름

야끼는 일본어로 '굽다'라는 뜻인데요. 야끼도리 하면 '새고기를 굽다'라는 뜻이지요. 원래는 닭고기를 꼬치로 만들어 양념장을 발라가며 구워야 하는데 간편하게 조림으로 해서 양배추와 된장 소스를 곁들여 먹어도 맛있답니다.

**1** 닭다리(4개)는 껍질을 벗기고 살만 발라 내서 소금, 후춧가루로 밑간하고,

**2** 분량의 양념장을 끓이다가,

**3** 밑간한 닭다리 살을 넣어 조리듯 끓이고,

**4** 양배추, 마른 고추, 녹말물(6), 참기름(1) 순으로 넣고 된장 소스를 곁들이고 마무리.

오렌지 소스를 만나 바람핀 **닭날개구이**

재료 미리 준비하기 (2인분)

**주 재 료 :** 닭날개(12개)

**오 렌 지 소 스 :** 설탕(2)+오렌지 주스(1)+
진간장(1)+포도주(1)+
소금(0.3)

독신남의
요리 노트

## 양배추 겉절이

닭날개구이를 먹을 때 매콤새콤한 양배추겉절
이를 곁들이면 느끼함도 가시고 야채의 아삭
함을 느낄 수 있어 좋지요.

1. 양배추(2줌)는 채 썰어 물에 담가두고,
2. 고춧가루(2)에 물(1)을 넣어 촉촉하게 갠 뒤
   설탕(2), 식초(2), 다진 마늘(0.5) 넣어 양념
   장을 만들고,
3. 물기를 뺀 양배추채(2줌)에 양념장 넣어 버
   무리고 소금으로 간하고 참기름, 깨 뿌리고
   마무리.

## 시든 양배추 살리기

양배추는 오래 보관할 수 있는 채소 중 하나인
데요. 오래 되면 겉면이 검게 변하고 숨도 죽
지요. 하지만 검게 변한 부분을 잘라내고 시든
양배추를 물에 담가두면 양배추가 물을 흡수
하여 싱싱하게 되살아난답니다.

오렌지 주스로 닭고기의 잡내를 없앤 깔끔한 구이 요리를 만들어보세요.
와인이라도 한 잔 곁들이면 새록새록 사랑이 피어날 거예요.

**1** 소금, 후춧가루로 밑간한 닭날개를 오븐
토스터에 굽다가,

**2** 오렌지 소스를 발라가며 앞뒤로 굽고
마무리.

# 찰랑찰랑 샤브샤브

따뜻한 가다랑어 국물에 야채와 쇠고기를 담가 고소한 참깨 소스와
새콤한 폰즈 소스를 찍어 먹는 샤브샤브는 조리 기술이 없어도
해 낼 수 있는 간편한 요리지요.

## 재료 미리 준비하기 (2인분)

**주 재 료 :** 쇠고기(샤브샤브용 반근)

**부 재 료 :** 두부, 표고버섯, 팽이버섯, 죽순, 배추

**가다랑어 국물 :** 물(4컵), 다시마(사방 10cm
1장), 가다랑어포(1줌),
진간장(1), 소금

**참 깨 소 스 :** 갈은 참깨(6)+가다랑어 국물(6)+
진간장(1)+맛술(3)+핫소스(0.3)+
다진 마늘(0.1)

**폰 즈 소 스 :** 진간장(4)+가다랑어 국물(6)+
맛술(4)+식초(2)+레몬즙(1)

**국 수 전 골 :** 가다랑어 국물, 생우동, 대파,
쑥갓, 다진 마늘, 고춧가루,
후춧가루

## 샤브샤브의 유래

샤브샤브는 물이 넘실거리는 소리인 '찰랑찰
랑'이라는 뜻의 일본 의성어에서 나온 말인데
요. 언제부터인가 끓는 육수에 얇게 저민 고기
와 야채를 살짝 데쳐서 소스에 찍어 먹는 일본
요리를 가리키는 이름이 되었다고 합니다. 이
것이 우리나라로 넘어 오면서 그 국물에 칼국
수를 넣어 얼큰하게 먹는 징기스칸이라는 요
리로 정착하게 되었지요.

하지만 이 요리는 원래 '토렴'이라는 우리나
라의 전통 조리법에서 시작되었다고 해요. 밥
이나 국수에 뜨거운 국물을 부었다가 따라내
는 것을 여러 번 반복하여 데우는 조리법을 토
렴이라고 하는데 삼국시대 때부터 전쟁터에서
투구에 물을 끓여 야채와 고기를 익혀 먹던 것
이 고려시대 때 몽고로 전해졌고, 징기스칸의
대륙 정벌에 의해 유럽으로 넘어가 퐁듀가 되
고, 청일전쟁 때 일본으로 건너가 샤브샤브가
된 것이지요.

**1** 물(4컵)에 다시
마 넣어 끓이고,
불을 끈 다음 가다랑어포(1줌), 진간장(1),
소금으로 간하여 가다랑어 국물을 준비하고,

*독신남의 어드바이스*
가다랑어 국물은 가다랑어포를 넣고 10분 뒤 체로 건져 내서 깨끗한 국물만 사용하세요.

**2** 모든 재료는 얇게 저며
준비하고,

*독신남의 어드바이스*
모든 재료는 샤브샤브용 쇠고기 두께로 얄팍하게 준비하는 것이 좋아요. 배추는 사선으로 저며야 얇게 저밀 수 있지요.

**3** 참깨 소스를 준비하고,

**4** 폰즈 소스도 준비하고,

**5** 준비한 가다랑어 국물을 끓이며 야채를
익혀 **폰즈 소스**에 찍어 먹고, 쇠고기는
살짝 담갔다가 꺼내 **참깨 소스**에 찍어 먹고,

**6** 남은 가다랑어 국물에 생우동, 대파,
쑥갓, 다진 마늘, 고춧가루, 후춧가루를
넣어 끓여 먹기.

*독신남의 요리 노트*

# 오븐토스터 닭다리구이

재료 미리 준비하기 (1인분)

주 재료 : 닭다리(4개), 양파(약간)
양 념 장 : 진간장(3)+설탕(3)+맛술(1)+
다진 마늘(1)+후춧가루+참기름

독신남의
요리 노트

## 무초절임

통닭을 먹을 때 무초절임이 빠질 수 없지요.
집에서도 쉽게 만들 수 있어요.

1. 물(1컵)에 다시마(사방 5cm 1장) 넣어 끓이고,
2. 식초(1컵), 설탕(1컵), 소금(1) 넣어 녹이고,
3. 깍둑썰기 한 무에 부어 밀폐 용기에 담아
   차게 식히고 마무리.

국가 대항전 축구경기라도 있으면 화이팅을 외치며 기름이 쫙 빠진
닭다리구이와 맥주 한 잔 어때요?

**1** 닭다리에 양념장을 바르고,

**2** 오븐 토스터에 넣고 타지 않게
뒤집어 가며 굽고 양파채 올리고 마무리.

독신남의
어드바이스
오븐 토스터가 없으면 가스
레인지에 달린 그릴에
구워도 좋아요.

재료 미리 준비하기 (2인분)

**주 재 료** : 닭다리(8개)
**밑간 양념** : 마늘, 생강, 맛술, 소금, 후춧가루
**칠 리 소 스** : 식용유(1)+다진 양파(3)+
　　　　　　다진 마늘(1)+토마토 케첩(5)+
　　　　　　물(2)+설탕(1)+핫소스(1)+
　　　　　　월계수 잎(1장)

**1** 뼈를 발라낸 닭다리를 마늘, 생강, 맛술,
소금, 후춧가루 넣어 하루 재우고,

특별한 날 분위기를 잡고 싶다면 닭고기케밥을 만들어보세요.

**2** 꼬치에 둘둘 말아 뭉쳐 끼워서 그릴에
넣어 굽고,

**3** 칠리 소스를
만들어 조리고,

독신남의
어드바이스
이 때 냄새는 맡지 마세요.
핫 소스 때문에
기침이 나거든요.

**4** 구운 닭다리를 칠리 소스에 넣어
버무리고 마무리.

# 한 입에 쏘옥 빼 먹는 닭꼬치구이

**재료 미리 준비하기**

**주 재 료 :** 닭고기(안심살 1줌), 대파

**양 념 장 :** 진간장(6)+설탕(6)+맛술(6)+다진
마늘(1)+생강가루(0.3)+마른고추(1개)

**멸치다시마 국물:** 물(½컵), 국멸치(5마리),
다시마(사방5cm 1장),

꼬치 굽는 냄새가 집안 가득 퍼지면 어느 새 군침이 사르르 돌지요.
닭고기는 가슴살보다는 안심이나 다리살이 꼬치구이 하기에 좋아요.

**1** 찬물(½컵)에 다시마(사방 5cm 1장),
국멸치(5마리)를 넣어 끓이고,

**2** 진간장(6), 설탕(6), 맛술(6), 다진 마늘(1),
생강가루(0.3), 마른 고추(1개)를 넣어
끓인 다음 차게 식히고,

**3** 식힌 양념장에 깍둑썰기 한 닭고기(1줌)
를 넣어 반나절 이상 재우고,

**4** 닭고기, 대파 순으로 꼬치에 끼우고,
오븐 토스터나 생선 그릴에 넣어 굽고
마무리.

## 재료 미리 준비하기 (1인분)

**주 재 료** : 홍합, 버터
**부 재 료** : 파슬리가루, 고춧가루, 후춧가루

**독신남의
요리 노트**

### 홍합볶음

팬에 버터를 녹이면서 마늘을 볶아 향을 내고 홍합, 양파, 파를 넣어 볶고, 파마산 치즈가루를 듬뿍 뿌려도 맛이 좋아요.

### 홍합탕

추운 겨울날 포장마차에서 따끈하게 먹는 홍합탕, 소주가 그냥 넘어가지요.
홍합은 수세미로 깨끗이 씻고 수염을 떼어내고 멸치다시마 국물에 넣어 푹 끓이세요. 소금으로 간하고 후추 뿌리고 마지막에 소주 한 잔 넣어 잡내를 없애면 시원한 국물맛이 일품인 홍합탕 완성.

버터의 향과 홍합의 절묘한 조화.
유럽에서나 맛볼 수 있는 홍합구이를 집에서 간단하게 즐겨보세요.

**1** 오븐 토스터나 팬에서 홍합이 입을 벌릴 때까지 열을 가하고,

**2** 버터 한 조각, 파슬리가루, 고춧가루, 후춧가루를 뿌리고 버터가 녹을 정도로 다시 가열하고 마무리.

**독신남의
어드바이스**
버터만 넣어도 훌륭한
요리가 되지요.

# 신 김치와 삼겹살말이구이

재료 미리 준비하기

주 재 료 : 신 김치, 삼겹살
부 재 료 : 팽이버섯, 부추
양 념 장 : 고추장(1)+간장(1)+설탕(1)+다진
마늘(1)+다진 파(1)+맛술(2)+생강
가루(0.5)+참기름(1)+후춧가루

삼겹살의 느끼함을 없애는 데는 신 김치만한 것이 없지요.
따로 준비할 필요 없이 삼겹살과 신 김치를 돌돌 말아 한 입에 쏙~
너무 크면 먹기 부담스러우니까 한 입 크기로 잘라주세요.

**1** 삼겹살은 12cm 길이로 잘라 양념장을 바르고,

**2** 신 김치 올리고 팽이버섯, 부추 또는 실파 올리고,

**3** 이쑤시개로 콕 찍어서 달궈진 팬에서 또르르 굴리고,

> 독신남의 어드바이스
> 겉을 빠르게 익혀야 구울 때 물이 나오지 않아요.

**4** 오븐 토스터에 15분 정도 타지 않게 굽고 마무리.

> 독신남의 어드바이스
> 삼겹살 말이에 은박 뚜껑을 덮으면 타지 않지요.

# 집에서 훔쳐온 조기양념구이

## 재료 미리 준비하기 (2인분)

**주 재 료** : 조기(1마리)

**유 장** : 참기름(3) + 진간장(1)

**양 념 장** : 고추장(1) + 고춧가루(1) + 설탕(1) +
맛술(1) + 간장(0.5) + 다진 마늘(0.5) +
생강가루(0.3) + 참기름 + 깨

**독신남의
요리 노트**

## 생선구이를 맛있게 하려면

### 강한 불로 멀리서 굽는다

생선은 강한 불에서 10cm 정도 높이로 놓고
굽는 것이 좋아요. 가스레인지 양쪽에 벽돌 한
장씩 세워 놓고 석쇠를 올리면 생선이 타는 것
도 막고 속살까지 골고루 잘 익힐 수 있답니다.

### 석쇠를 달군 뒤 굽는다

달구어지지 않은 석쇠에 생선을 올려놓으면
생선살이 철망에 눌어붙어 맛있는 성분도 빠
지고 보기도 흉하지요.

### 생선의 한 면이 완전히 익은 후 뒤집는다

생선이 익기 전에 뒤집으면 모양도 예쁘지 않
고 살에 탄력이 느껴지지 않아 맛이 떨어져요.

추석 때 집에 가면 늘 훔쳐오는 게 있지요. 북어, 조기, 배...
생존에 요긴하게 사용되는 식재료들이기 때문에 반드시 챙겨둬야 합니다.
훔쳐온 조기로 만든 조기양념구이는 더 맛있다!

**독신남의
어드바이스**
이렇게 굽기 전에 바르는 기름장을
'유장' 이라고 하는데, 유장을 바른 생선은
중간 불에서 석쇠를 10cm 정도 떼어 좌우로
흔들면서 굽는 것이 좋아요. 한쪽 면이
다 익으면 반대편으로
뒤집어주세요.

**1** 참기름(3), 진간장(1)을 섞은 유장을
조기에 발라 80% 정도 익히고,

**2** 양념장을 발라가며 앞뒤로 굽고 마무리.

# 스테미너 닭다리 마늘 스테이크

마늘을 스테미너 식품이라고 하지요? 닭다리로 스테이크를 만들면서 마늘도 함께 구워 스테미너 요리를 만들어보세요. 마늘 냄새가 걱정이라면 녹차 잎이나 파슬리 가루를 씹고 우유 한 잔 마시면 OK.

**1** 닭다리(2개)는 살만 발라내어 맛술, 소금, 크레올시즈닝, 타임, 후춧가루를 약간씩 뿌려 밑간하고, 마늘은 편으로 썰어 올린 다음 1시간 이상 재우고,

**2** 닭 뼈 삶은 물(1컵), 크림스프가루(2), 토마토 케첩(4), 우스터 소스(2), 양파즙(2), 설탕(0.5), 후춧가루, 소금 준비하고,

## 독신남의 요리 노트

### 크레올시즈닝

마늘, 파프리카, 고추 같은 것을 가루를 내어 만든 양념인데요. 매콤하면서도 조미가 되어 있어 육류나 어류에 뿌려 밑간을 할 때 사용하지요. 없으면 없는 대로 해도 상관 없어요.

### 타임(백리향)

톡 쏘는 듯한 자극성 짙은 맛으로 생선이나 육류에 뿌리면 잡내를 제거할 수 있어요. 물에 넣으면 은은한 허브 향이 나고, 살균 효과까지 있답니다. 녹차처럼 우려내서 마시면 감기 초기 증상에도 좋아요.

**3** 닭 뼈 삶은 물(1컵)에 크림스프가루(2)를 넣어 끓여서 스프를 만들고,

**4** 토마토 케첩(4), 우스터 소스(2), 양파즙(2), 설탕(0.5), 월계수잎(1장) 넣어 끓이고,

**5** 소금, 후춧가루 간해서 해시드라이스 소스 만들어두고,

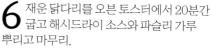

**6** 재운 닭다리를 오븐 토스터에서 20분간 굽고 해시드라이 소스와 파슬리 가루 뿌리고 마무리.

은근히 매운 맛이 매력적인 **봉추찜닭**

찜닭집에 가면 '왜 반 마리는 메뉴에 없나?' 하는 불만이 생기지요.

강한 불에 10분, 약한 불에 10초의 원리만 익히면 누구나 집에서 간단하게 찜닭을

즐길 수 있어요.

**1** 찬물에 당면(1줌)을 넣어 1시간 동안 불리고,

**2** 찬물(5컵)에 닭고기(2줌), 청양 고추, 통마늘, 양파, 대파를 넣고 30분 동안 푹 삶고,

**3** 체에 걸러 육수와 삶은 닭만 건져내고,

**4** 삶은 닭, 닭 삶은 육수(3컵), 진간장(7), 물엿(3), 설탕(2), 카라멜(0.5), 굴 소스 (0.5)를 넣고, 감자, 당근, 양파 순으로 넣어 강한 불에서 10분 동안 조리고,

독신남의
요리 노트

### 찜닭

안동 지방에서 몇 십 년 전부터 내려오는 음식을 바탕으로 현대인의 입맛에 맞게 양념과 소스를 업그레이드시킨 것인데요.
봉추(鳳雛)는 병아리가 봉황이 되지 못한 채 떨어져 죽었다는 뜻이 있어요. 봉추찜닭은 작은 영계로 하는 찜닭인 셈이지요.

독신남의
어드바이스
국물이 자작하게 넉넉히 있어야 좋고, 맛을 보아 짜지 않으면 성공!

**5** 불린 당면, 팽이버섯, 시금치, 마른 고추 넣고 뚜껑 덮고 약한 불에서 10초 동안 뜸들이고 마무리.

**6** 당면이 불기 전에 맛있게 얌냠~.

# 나물이식 흰살 생선 케밥

케밥은 터키 음식으로 카레를 비롯한 향신료로 볶은 밥 위에
양고기나 닭고기 등으로 만든 꼬치를 얹어 먹는 것을 말하는데요.
나름대로 흰살 생선을 이용해서 케밥을 만들어보았어요.

**1** 대구살에 레몬즙, 맛술, 설탕, 소금,
후춧가루를 약간씩 넣어 밑간해 두고,

**2** 한 입 크기로 자른 양파, 대파, 피망,
대구살을 반복해서 꼬치에 끼우고,

**3** 냄비에 진간장($\frac{1}{4}$컵), 물($\frac{1}{4}$컵), 맛술($\frac{1}{4}$컵),
설탕($\frac{1}{4}$컵), 생강가루(0.3), 국멸치(5마리),
다시마(사방 5cm 1장)를 넣어 조려서 데리야키
소스를 만들고,

**4** 데리야키 소스를 꼬치에 발라가며 굽고,

**5** 팬에 식용유(1) 두르고 다진 당근, 다진
피망, 다진 양파를 넣어 달달 볶다가
카레가루(1)를 넣어 섞고,

**6** 밥(1공기)을 넣어 볶고, 그릇에 담아
꼬치를 얹고 마무리.

독신남의
요리 노트

### 생선전

소금, 후추로 밑간한 대구살이나 동태살을 밀
가루, 계란 순으로 묻혀 쑥갓 올리고 지지면
명절이나 제삿날 먹는 생선전이 되지요. 쑥갓
을 올려주면 맛과 모양이 살아난답니다.

# Part 4
# 일요일에 잠만 잘래?
# 시간 날 때 만드는 밑반찬

직장에 다니는 독신남, 독신녀는 물론 맞벌이 부부라면 일요일에 늘어지게 자는
늦잠이 정말 꿀맛이죠. 그래도 잠 자는 시간을 한두 시간 줄이고, 주중에 먹을 음식을
준비해 보세요. 정말 바쁜 출근 시간, 아침 준비하는 시간을 획기적으로 줄일 수
있답니다. 체력이 밑받침 되어야 일도 잘 할 수 있는 거 아시죠? 체력은 뭐니 뭐니
해도 밥에서 나온다는 것도 아실 거에요. 사다 먹는 밑반찬은 쉽게 질리고 조미료도
많이 써서 건강에도 좋지 않잖아요. 아침 밥 꼭 챙겨 드시고, 이를 위해 주말에 시간을
조금만 투자해보세요.

# 자취생의 기본 반찬 깍두기

독신남의
요리 노트

### 설렁탕집 깍두기의 비밀

깍두기를 설렁탕이나 곰탕과 함께 먹는 이유
는 소화를 돕기 때문이고, 설렁탕집에서 나오
는 깍두기 맛을 내려면 무를 절일 때 사이다를
넣어 절이고 양념한 다음 설렁탕 국물을 조금
넣으면 됩니다. 옛날에는 광천수로 무를 절였
다고 하는데, 요즘에는 쉽게 구할 수 있는 사
이다로 대체하게 된 것이지요.

대학 때 자취하는 후배에게 "너 오늘 깍두기랑 멸치볶음이랑 김 먹고
왔지?" 하면 "귀신같다!"고들 했지요. 자취생 반찬이야 거기서
거기니까요. 이번에는 자취생의 필수 반찬, 깍두기를 만들어봅시다.

**1** 무(6줌)는 깍둑썰기로 썬 후 굵은
소금(3)을 넣고 절여서 물이 생기면 따라
내고 한 번 씻고,

**2** 고춧가루(2)를 뿌려 붉게 물들이고,

**3** 대파(1줌), 새우젓(1),
설탕(1), 다진 마늘(0.5),
생강가루(0.3) 넣어 버무리고 마무리.

재료 더하기
녹색 채소는 미나리, 부추,
실파 같은 것을 넣으면 좋아요.
여기에 굴을 넣으면
굴깍두기가 되지요.

## 쉽게 만드는 부추오이김치

### 재료 미리 준비하기

**주 재 료** : 오이(2개), 부추(1줌), 굵은 소금(2)
**부 재 료** : 양파, 청양고추, 붉은 고추
**양 념 장** : 고춧가루(3)+멸치액젓(1)+다진 파(1)+
　　　　　다진 마늘(1)+물엿(1)+설탕(0.5)+
　　　　　생강가루(0.3)

독진남의
요리 노트

### 오이소박이를 만들고 싶다면?

오이를 5cm 길이로 토막내고 열십자로 칼집
을 내어 그 사이사이에 부추와 부추오이김치
양념을 섞은 소를 넣으면 됩니다.

### 깔끔한 오이소박이 만들기

좀더 색다른 오이소박이를 만들고 싶으면 오
이 속을 젓가락으로 파내어 구멍을 만든 뒤 소
를 꽉꽉 채워 넣으면 깔끔한 오이소박이를 만
들 수 있지요.

### 풋고추소박이

1. 물(1컵)에 꽃소금(2) 풀어 풋고추를 20분 정
   도 절이고,
2. 부추, 무를 가늘게 채 썰어서 고춧가루(1),
   멸치액젓(1), 다진 마늘(1), 설탕(0.5) 넣어
   버무리고 소금으로 간해서 약간 짠 듯하게
   소를 만들고,
3. 절인 고추에 칼집을 내어 만들어둔 소를 채
   워 넣고
4. 실온에서 이틀 정도 익히면 입맛 당기는 풋
   고추소박이가 되지요.

부추오이김치는 오이소박이의 조카뻘 되는 밑반찬인데요.
간단하고 빠르게 만들어 바로 먹어도 좋고, 오이가 푹 익었을 때 먹어도
새콤한 맛이 일품이지요.

**1** 오이(2개)는 굵은 소금(2)을 넣어 물이
생길 때까지 절인 뒤 맑은 물에 한 번 씻고,

**2** 부추, 양파, 고추, 깨를 넣은 뒤 만들어
둔 양념장을 넣어 버무리고 마무리.

# 힘을 부추기는 부추김치

재료 미리 준비하기

**주 재료** : 부추(2줌)

**부 재료** : 양파, 청양고추, 붉은 고추

**밀 가 루 풀** : 밀가루(2), 물(20)

**양 념** : 멸치액젓(15), 고춧가루(15), 설탕(1),
다진 마늘(0.5), 생강가루(0.3), 깨

**독신남의 요리 노트**

### 만성 요통에 좋은 부추술

부추는 몸 전체의 컨디션을 조절해 주고, 혈액 순환을 좋게 하여 요통에 뛰어난 효과가 있지요.

1. 물(10컵)에 부추(1줌)를 넣고 중간 불에서 푹 달이고,
2. 물이 2컵 정도로 줄면서 색이 우러나면 체로 부추를 건져내고,
3. 부추 달인 물에 청주(½컵)를 붓고 잘 섞어서 마시면 좋아요.

고춧가루를 많이 넣고 멸치액젓으로 맛을 내는 부추김치는 경상도를 대표하는 별미 김치예요. 부추는 '스님은 부추를 먹지 말아야 한다'는 말이 있을 정도로 남자에게 힘을 솟게 하는 영양 만점 채소랍니다.

**1** 물(20)에 밀가루(0.5)를 풀어 끓여서 걸쭉하게 풀을 만들어 식히고,

**2** 밀가루풀에 멸치액젓(15), 고춧가루(15)를 섞어서 양념장을 만들고,

**독신남의 어드바이스**
너무 세게 버무리면 풋내가 나요.

**3** 양념장에 부추(2줌), 설탕(1), 다진 마늘(0.5), 생강가루(0.3), 양파, 고추, 깨를 넣어 살살 버무리고 마무리.

# 찢어 먹어야 제맛 배추겉절이

재료 미리 준비하기

주 재 료 : 배추(반 포기), 부추(1줌)
소 금 물 : 물(½컵)+굵은 소금(3)
양 념 장 : 식힌 밀가루풀(4)+고춧가루(5)+
　　　　　 새우젓(1)+멸치액젓(1)+설탕(1)+
　　　　　 다진 마늘(1)+생강가루(0.3)

**1** 소금물로 배추를 적셔놓고, 맨 위에
소금을 약간 더 뿌려 6시간 정도 절이고,

직접 만들어 먹을 때의 김치 맛을 아시나요?
장볼 때 배추도 한 포기 넣어보세요. 겉절이도 해먹고, 보쌈도 싸먹고,
배추속대국도 끓이고… 푸짐한 밥상은 상상만 해도 즐겁지요.

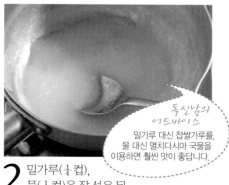

**2** 밀가루(⅓컵),
물(⅓컵)을 잘 섞은 뒤,
저으면서 끓여 밀가루풀을 만들고,

독신남의
어드바이스
밀가루 대신 찹쌀가루를,
물 대신 멸치다시마 국물을
이용하면 훨씬 맛이 좋답니다.

재료 더하기
양파즙(4)이나 배즙(4)을
넣으면 시원한 맛이
더하지요.

**3** 절인 배추는 물에 씻어 길이로 찢고,
밀가루풀이 식었으면 고춧가루(5),
새우젓(1), 멸치액젓(1), 설탕(1), 다진 마늘(1),
생강가루(0.3)를 넣어 양념장을 만들고

**4** 배추에 부추(1줌)와
미리 만들어놓은 양념장을 넣어
버무리고 마무리.

재료 더하기
미나리나 실파를 넣어도
좋고, 먹기 직전에 참기름,
깨를 뿌려도 좋아요.

# 싸니까 쉬우니까 얼갈이배추김치

얼갈이배추 한 단에 1,000원 할 때 사다가 김치를 해두면 부자가 된 느낌이 들지요.

솜씨가 없어도 맛이 나고 만들기도 얼마나 쉬운지 몰라요.

**1** 얼갈이배추(1단)를 짠 소금물에 담가
2시간 절여 한 번 헹구고 물기를 빼고,

**2** 찹쌀가루(½컵)에
물(1컵)을 넣고 잘 섞고, 저으며 끓여서
풀을 만들고,

**독신남의
어드바이스**
찹쌀가루가 없으면 밀가루로
해도 되고, 물은 멸치다시마
국물로 하면 더욱 좋아요.

**3** 식힌 찹쌀풀에 고춧가루(10), 멸치액젓(6),
설탕(5), 다진마늘(2), 생강가루(0.5) 넣어
양념장 만들고,

**4** 절인 얼갈이배추에 양념장 넣어 버무리고,
꽃소금으로 간하고 마무리.

**독신남의
요리 노트**

## 고깃집에서 나오는 얼갈이배추겉절이

고깃집에서 나오는 겉절이는 얼갈이배추나 상추에 양념장으로 버무려 내면 되지요.
새콤하고 상큼해서 고기와 곁들여 먹으면 고기의 느끼한 맛도 가시고 좋답니다.

**주재료 :** 얼갈이배추(4포기)
**양념장 :** 국간장(2)+멸치액젓(2)+
식초(2)+고춧가루(2)+설탕(2)+
다진 파(1)+다진 마늘(0.5)+
참기름+깨

**독신남의 어드바이스**
양념장은 짜지 않게 맛을
보아가며 넣어주세요.

**1.** 얼갈이배추(4포기)를 잘 씻어 손으
로 찢어두고,

**2.** 국간장(2), 멸치액젓(2), 식초(2),
고춧가루(2), 설탕(2), 다진 파(1),
다진 마늘(0.5)을 섞어서 얼갈이배
추에 넣어 골고루 버무리고, 참기
름, 깨 넣고 마무리.

# 팍팍 무쳤냥 콩나물무침

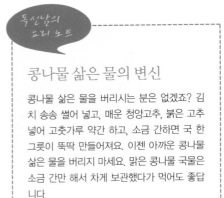

재료 미리 준비하기

**주 재 료 :** 콩나물(3줌)

**양 념 :** 다진 파(1), 다진 마늘(0.5), 참기름(0.5),
소금, 깨,

독신남의
요리 노트

## 콩나물 삶은 물의 변신

콩나물 삶은 물을 버리시는 분은 없겠죠? 김
치 송송 썰어 넣고, 매운 청양고추, 붉은 고추
넣어 고춧가루 약간 하고, 소금 간하면 국 한
그릇이 뚝딱 만들어져요. 이젠 아까운 콩나물
삶은 물을 버리지 마세요. 맑은 콩나물 국물은
소금 간만 해서 차게 보관했다가 먹어도 좋답
니다.

나물이라는 제 별명은 콩나물에서 유래됐죠.
너무나 친숙한 콩나물을 팍팍 무쳐 보아요.

**1** 냄비에 콩나물(3줌), 물(3컵)을 넣어 8분
동안 삶고,

**2** 체에 받쳐 물기를 빼고 소금 넣어 간하
고 다진 파(1), 다진 마늘(0.5), 참기름
(0.5), 깨 넣어 무치고 마무리.

**3** 고춧가루(1)를 넣으면 매운 무침이
되지요.

시원하게 비벼 먹는 **무생채**

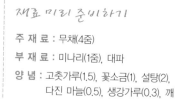

재료 미리 준비하기

**주 재 료 :** 무채(4줌)

**부 재 료 :** 미나리(1줌), 대파

**양 념 :** 고춧가루(1.5), 꽃소금(1), 설탕(2),
다진 마늘(0.5), 생강가루(0.3), 깨

변변한 찬이 없을 때 젓갈을 넣지 않고 만든 시원한 무생채를 넣고
썩썩 비비면 가볍게 한 끼가 해결되지요.

**1** 무채(4줌)에 꽃소금(1), 고춧가루(1.5)
뿌려 물들이고,

**2** 설탕(2), 다진 마늘(0.5), 생강가루(0.3)
넣어 버무리고,

**3** 미나리(1줌), 대파, 깨 넣고 마무리.

아삭아삭 시원한 **열무김치**

아무리 뒤져도 냉장고에 열무김치밖에 없다고요? 실망하지 말고 보리밥을 지어보세요.
고슬고슬한 보리밥에 잘 익은 열무김치를 올린 후 고추장을 한 숟갈 푹 떠서 썩썩 비비고
들기름을 넣어 향을 내면 어떤 진수성찬도 부럽지 않지요.

**1** 열무($\frac{1}{2}$단)는 굵은 소금(2)을 뿌려 1시간 정도 절여 찬물에 헹구고,

**2** 찹쌀가루($\frac{1}{4}$컵)에 물($\frac{1}{2}$컵)을 잘 섞어 저으면서 끓여 찹쌀풀을 만들고,

> **독신남의 어드바이스**
> 찹쌀가루가 없으면 밀가루를 사용해도 되고, 물 대신 멸치다시마 국물을 사용하면 더욱 맛이 좋지요.

**3** 식힌 찹쌀풀에 고춧가루(5), 멸치액젓(3), 설탕(2), 다진 마늘(1), 생강가루(0.3), 꽃소금을 넣어 양념장을 만들고,

> **재료 더하기**
> 양념장에 요구르트를 넣으면 더욱 맛이 좋지요.

**4** 절인 열무에 **양념장**, 양파, 청양고추, 붉은 고추를 넣어 버무리고, 꽃소금으로 간하고 마무리.

> **독신남의 어드바이스**
> 너무 세게 주무르면 풋내가 나니까 살살 버무리세요.

**독신남의 요리 노트**

## 열무보리밥

혼자 있을 때 잘 익은 열무김치에 달걀 프라이 하나 해서 고추장에 썩썩 비벼 먹으면 그만이지만 손님이 오실 때에는 좀 더 정갈하게 내야겠지요.

꽁보리밥에 잘 익은 열무김치를 올리고, 달걀은 황백지단을 만들어 곱게 채 썰어 올리고, 청포묵도 채 썰어 올리고, 고추장(1.5), 식초(1), 설탕(0.5), 다진 마늘(0.5), 통깨(0.5), 들기름(0.5)을 넣어 섞어 양념장을 올리면 맛도 일품, 멋도 일품인 보리밥이 탄생한답니다.

## 열무물김치

군침 돌게 하는 열무물김치는 어른, 아이 모두 좋아하는 여름 김치지요. 아삭하게 씹히는 열무와 시원한 국물 맛이 특색인 열무물김치는 입맛 없을 때 국수를 말아먹으면 그만입니다.

물(10컵)에 밀가루(2)를 넣어 저으면서 끓여 밀가루풀을 쑤어 식히고, 붉은 고추(13개)를 갈아 넣고, 물(8컵)을 부어주세요. 여기에 다진 마늘(1), 생강가루(0.5), 실파, 풋고추를 넣고 굵은 소금으로 간하여 김칫국물을 만든 다음 소금에 절여 깨끗이 씻은 열무를 넣으면 열무물김치가 완성되지요.

# 세 가지 시금치무침

시금치에 영양이 많다는 건 다들 아시지요? 그런데 해먹는 방법을 몰랐다고요?

시금치무침을 세 가지 방법으로 즐겨보세요.

**1** 시금치는 끓는 소금물에 넣었다가 10초 뒤 건지고,

**2** 찬물에 헹구어 물기를 꼭 짜고,

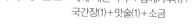
독신남의 요리 노트

## 시금치의 영양

시금치는 이뇨 작용과 통변 효과가 있어 소변이 잘 나오지 않을 때나 장 열로 인한 변비에 국을 끓여 먹으면 좋고, 간을 보호하여 눈을 맑게 하기 때문에 소 간과 함께 먹으면 야맹증에 탁월한 효과를 볼 수 있어요.

다만 시금치에 들어 있는 수산이 칼슘과 결합하여 결석을 만들기 때문에 담석증, 요도 결석이 있을 때에는 먹지 않는 것이 좋답니다.

## 끓는 물에 데치는 채소

땅 위로 자라는 채소는 끓는 물에 데치는데 시금치, 배추, 미나리, 쑥갓, 부추, 파, 아스파라거스, 브로콜리, 산나물류 등이 이에 속해요.

데칠 때에는 물에 소금을 약간 넣고 채소의 뿌리 부분부터 넣어 젓가락으로 아래위를 바꾸면서 데치면 되지요.

떫은 맛이 강한 산나물류는 소금이나 소다를 넣어 데치면 떫은 맛이 사라진답니다.

**3** 간장시금치무침은 간장 양념을 넣어 무치고,

**4** 된장시금치무침은 된장 양념을 넣어 무치고,

**5** 두부깨소스시금치무침은 두부깨 소스를 넣어 무치고,

**6** 단무지무침은 고춧가루와 다진 파, 다진 마늘, 참기름 넣어 무치고 마무리.

# 알싸하고 부드러운 열무무침

재료 미리 준비하기

주 재 료 : 열무(⅓단)
부 재 료 : 두부(1줌)
양 념 장 : 된장(1)+국간장(1)+고추장(0.5)+다진
파(1)+다진 마늘(0.5)+참기름+깨

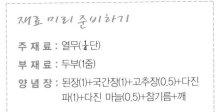

열무는 보통 김치로만 많이 해먹지요? 앞으로는 열무 김치를 담고 남는 여분으로 열무무침을 해보세요. 열무의 아삭하고 알싸한 맛과 두부의 부드러움이 더해져 아주 맛이 좋답니다.

**1** 열무는 끓는 물에 소금을 조금 넣어 데친 다음 찬물에 헹궈 잘라두고,

> 독신남의 어드바이스
> 열무를 데칠 때는 질긴 뿌리 부분부터 먼저 넣어 데치세요.

**2** 두부(1줌)는 으깨서 넣고,

**3** 양념장을 넣어 살살 무치고,

**4** 팬에 식용유(1)를 두르고 볶아 마무리.

> 재료 더하기
> 불고기 양념을 한 쇠고기를 넣으면 훨씬 맛있지요.

기가막힌 **꼬막찜**

재료 미리 준비하기

**주 재료** : 꼬막(2줌)
**양 념 장** : 진간장(1)+다진 파(0.3)+다진 청양
　　　　　고추(0.3)+다진 붉은 고추(0.3)+
　　　　　고춧가루(0.3)+참기름(0.3)+깨(0.3)

**독신남의
요리 노트**

### 꼬막나물무침

1. 꼬막(1줌), 보리나물(1줌), 취나물(1줌)은 살짝 데쳐서 찬물에 씻고,
2. 식초(2), 고추장(1), 설탕(1), 다진 파(1), 다진 마늘(0.5), 참기름(0.5), 깨를 섞어 양념장을 만들고,
3. 꼬막과 나물에 양념장 넣고 무치고 오이는 채 썰어 넣고 마무리.

삶은 꼬막을 찬물에 헹구면 수축 작용으로 더욱 쫄깃해집니다.

식당에서 꼬막찜이 반찬으로 나오면 왠지 모르게 제일 먼저 손이 가지요.
맛있는 꼬막찜, 양념장만 잘 만들면 누구든 쉽게 만들 수 있답니다.
의외의 메뉴 꼬막찜으로 찬사를 받아보세요.

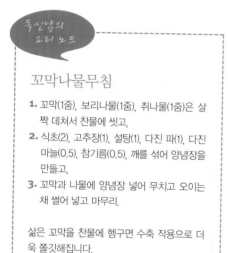

**1** 연한 소금물에 꼬막을 담가 신문지로 덮어서 어두운 상태로 실온에 하루 정도 두어 해감을 토하게 하고,

**독신남의
어드바이스**
꼬막은 깨끗이 씻는 것이 중요합니다. 간혹 꼬막 속에 뻘이 남아 있을 수 있으니 잘 살펴봐야 해요.

**2** 꼬막을 솔로 박박 문질러 깨끗이 씻고 끓는 물에 넣어 입이 벌어지면 꺼내서 양념장 올리고 마무리.

# 봄나물의 귀족 두릅초무침

재료 미리 준비하기

**주 재 료 :** 두릅(1줌)

**양 념 :** 고추장(1), 마늘식초(0.5), 설탕(0.5),
다진 파(0.5), 깨(0.5)

**마 늘 식 초 :** 식초에 다진 마늘을 조금 넣어
우려낸 것(0.5)

**1** 두릅을 톡톡 떼어내고,

긴 겨울을 지나 봄이 오면 봄나물이 먹고 싶어지지요.
럭셔리한 봄나물, 두릅을 소개할게요.

독신남의
어드바이스
물에 넣을 때 잘 익지
않는 밑동부터
넣으세요.

**2** 소금물에 1~2분
데쳐서 찬물에 헹구고,

**3** 찬물에 1시간 동안 담가 떫은 맛을 빼고,

**4** 고추장(1), **마늘식초**(0.5), 설탕(0.5),
다진 파(0.5), 깨(0.5) 넣어 무치고 마무리.

재료 미리 준비하기

주 재 료 : 꽃게(수놈 1kg)

부 재 료 : 양파(2줌), 당근(1줌), 대파(1줌), 깨(1줌),
　　　　　풋고추(3개), 붉은 고추(3개)

양 념 장 : 진간장(1컵)+굵은 고춧가루($\frac{1}{2}$컵)+
　　　　　고운 고춧가루(5)+설탕(8)+물엿(8)+
　　　　　다진 마늘(5)+양파즙(5)+배즙(5)+
　　　　　후춧가루(0.5)+생강가루(0.5)+
　　　　　참기름(8)

잘 만든 양념게장만 있으면 어느 새 밥 한 공기를 뚝딱 해치우지요.
게장은 무치고 하루 정도 냉장 숙성시켜야 게살과 양념장이 어우러져
맛이 납니다.

독신남의
어드바이스

양념게장은 살이 많고 단단한
수게로 하는 것이 좋고, 산 꽃게를
이용하면 더 없이 좋겠지만 질 좋은
냉동 꽃게를 이용해도
맛나답니다.

**1** 살이 많은
수게(1kg)를
흐르는 물에 살짝 씻어 먹기 좋게 잘라놓고,

**2** 분량대로 양념장을 섞어 준비하고,

**3** 게를 양념장에 넣어 버무리고,

**4** 양파(2줌), 당근(1줌), 대파(1줌), 깨(1줌),
풋고추(3개), 붉은 고추(3개)를 넣어
버무리고 마무리.

# 새콤한 마늘 소스 오이냉채

### 재료 미리 준비하기

주 재 료 : 오이(1개)

마 늘  소 스 : 식초(6)+물(6)+설탕(2)+
다진 마늘(2)+굴 소스(0.5)+
두반장(0.5)+고추기름(0.5)+
참기름(0.3)

**독신남의
요리 노트**

### 해파리냉채를 하려면

1. 물(5컵)을 끓여 불을 끄고 찬물(1컵)을 부어
   온도가 80℃ 정도 되게 만든 다음,
2. 해파리채(2줌)를 넣어 데쳐서 헹군 뒤 체에
   받쳐 물기를 완전히 짜고,
3. 오이채와 함께 마늘 소스를 넣어 버무리면
   되지요.

맛살이나 데친 오징어를 넣어도 훌륭한 요리
가 된답니다.

오이와 마늘 소스만으로 훌륭한 여름 반찬을 만들어 보세요.
입냄새가 걱정되긴 하지만 그래도 마늘은 우리 몸에 좋잖아요.

**1** 오이(1개)는 채를 썰어 숨이 살도록
찬물에 잠시 담가두고,

*재료 더하기*
맛살, 데친 오징어, 삶은 닭고기
등을 길이로 찢어 곁들이면
더욱 좋지요.

**2** 식초(6), 물(6), 설탕(2), 다진 마늘(2),
굴 소스(0.5), 두반장(0.5), 고추기름(0.5),
참기름(0.3) 섞어서 오이채에 올리고 마무리.

# 쫀득쫀득 오징어채볶음

독신남의
요리 노트

## 오징어채가 딱딱해진다구요?

설탕의 양을 줄이고 물엿이나 꿀을 사용하면
오징어채가 딱딱해지는 것을 막을 수 있어요.
마지막에 마요네즈를 조금 넣으면 고소한 맛
이 아주 좋지요.

### 건어물볶음

오징어채볶음 양념장을 이용해 멸치, 건새우,
뱅어포 등 여러 가지 건어물 볶음을 만들어보
세요. 조미가 안 된 건어물은 소금으로 간을
맞추세요.

고추장 양념을 볶다가 오징어채 같은 건어물 채를 넣어 버무리면
훌륭한 밑반찬이 되지요.

**1** 팬에 식용유(2)를 두르고 **양념장을** 넣어
볶다가

**2** 오징어채(3줌)를 넣어 버무리듯 볶고
깨를 뿌리고 마무리.

# 짭짤 달달한 멸치볶음

재료 미리 준비하기

주 재 료 : 잔 멸치(2줌)

양 념 장 : 물(2)+진간장(2)+설탕(2)+
물엿(2)+맛술(2)

멸치볶음은 짭짤 달달해서 밥반찬으로 더 없이 좋지요.
풋고추멸치볶음을 만들 때는 2번 과정에서 물을 조금 부어 약간
국물이 있는 상태에서 풋고추를 넣고 익혀주세요. 매콤하면서도
부드러운 맛을 즐길 수 있답니다.

독신남의
요리 노트

## 멸치볶음주먹밥

1. 밥(1공기)에 멸치볶음(2), 다진 당근(1), 깨(1),
   소금, 참기름을 약간씩 넣어 비비고,

2. 김 부스러기에 굴리면 아주 맛난 주먹밥이
   만들어진답니다.

## 멸치볶음 미니김밥

급하게 김밥을 싸야 할 때 멸치볶음을 속 재료
로 넣어서 미니김밥을 만들어도 그 맛이 훌륭
하지요.

**1** 냄비에 물(2), 진간장(2), 설탕(2), 물엿(2),
맛술(2)을 넣어 설탕이 녹을 정도로 조려서
양념장을 만들고,

**2** 팬에 식용유(2) 두르고 잔 멸치(2줌)를
볶다가, 양념장을 부어 다시 버무리듯
볶고 마무리.

새콤달콤 **오이피클**

재료 미리 준비하기

주 재 료 : 오이(1개), 양파($\frac{1}{4}$개),
          청양고추(1개), 붉은 고추(1개)
배 합 초 : 물(2컵), 식초(1컵), 설탕($\frac{1}{2}$컵), 소금(1)

**1** 오이(1개), 청양고추(1개), 붉은 고추(1개),
양파($\frac{1}{4}$개)를 먹기 좋은 크기로 잘라 놓고,

피클은 사먹는 것이 맛있긴 하지만 집에서 만들어 먹는 재미도
솔솔하죠. 여름철 오이값이 왕창 떨어질 때를 기다려
피클을 만들어 보세요.

**2** 냄비에 물(2컵),
식초(1컵), 설탕($\frac{1}{2}$컵),
소금(1) 넣어 끓이고,

*재료 더하기*
좀더 향을 내고 싶다면 정향(2개),
통후추(0.3), 월계수잎(1장),
통계피(1개), 생강편(4쪽)을
넣어주세요.

**3** **배합초**가 끓으면
오이를 담은 용기에
부어주고,

*독신남의 어드바이스*
나중에 야채에서 물이
나오니까 배합초는 적당히
넣으세요.

**4** 뚜껑이 열린 상태의
병을 끓는 물에 담가 1분
정도 둔 다음 뚜껑을 닫고, 병을 한 번 뒤집어
끓는 물에 다시 1분 정도 두어 압축이 되게
하고 마무리.

*독신남의 어드바이스*
실온에서 일주일 정도
보관하면 맛있는
피클이 됩니다.

# 입맛 살리는 꽈리고추찜

꽈리고추찜은 꽈리고추를 밀가루나 콩가루에 버무려 찐 후 양념장에 버무려 내는 경상도 향토 음식인데요. 부드러우면서도 쌉쌀한 맛이 없던 입맛도 살려주는 별미랍니다.

**1** 꽈리고추는 꼭지를 제거하고 깨끗이 씻어 포크로 콕콕 구멍을 내고,

독신남의 어드바이스
속까지 간이 잘 베게 하려고 구멍을 내는 거예요.

**2** 밀가루에 버무려 툴툴 털어내고,

**3** 김이 오른 찜통에 넣어 5분 동안 찌고,

**4** 찐 꽈리고추에 붉은 고추, 양념장을 넣어 버무리고 마무리.

## 인기 반찬 마늘종새우볶음

재료 미리 준비하기

**주 재 료** : 마늘종(2줌), 건새우(1줌)
**부 재 료** : 붉은 고추, 고추기름(2), 참기름, 깨
**양 념 장** : 진간장(2)+설탕(1)+물엿(1)+소금

**독신남의 어드바이스**
고추기름은 고춧가루와 식용유를
1 : 4 비율로 해서 끓이다가 고추
향이 나면 체에 식용유만
내려 만든 빨간 기름
입니다.

고추기름으로 볶은 마늘종의 매콤한 맛과 건새우에서 나오는
짭쪼름한 맛, 밥도둑이 따로 없지요.

**1** 마늘종, 건새우, 붉은 고추,
고추기름, 양념장을 준비하고,

**독신남의 어드바이스**
마른 오징어를 미지근한
물에 불려서 풋고추와 함께
볶아도 맛있지요.

**2** 마른 팬에 건새우를 볶아서 잔털을
제거하고,

**3** 고추기름(2) 두르고, 마늘종(2줌)과
건새우(1줌)를 중간 불에서 볶고,

**4** 양념장을 팬 가장자리로 부어 조리듯
볶고, 붉은 고추, 참기름, 깨 넣고 마무리.

# 매콤한 마늘종오징어볶음

오징어는 냉동보관해 뒀다가 쉽게 해동해서 먹을 수 있는 재료예요.
한 번에 싸게 많이 사서 한 번 먹기 좋을 만큼 위생비닐에 담아 보관해
두면 갑자기 밑반찬이 떨어졌을 때 유용하지요.

재료 더하기
마른 오징어를 미지근한
물에 1시간 불려 사용해도
좋아요.

**1** 팬에 식용유를
　두르고 마늘종을 볶다가 오징어도 볶고,

**2** 양념장 넣어 약한 불에 버무리고 마무리.

독신남의
요리 노트

## 마늘종쇠고기볶음

1. 끓인 물에 소금을 넣고 마늘종(1줌)을 살짝
　데쳐두고,
2. 쇠고기(1줌)에 맛술(1), 녹말가루(0.5), 소금
　(0.5), 후춧가루를 넣어 밑간한 다음 살짝
　볶다가,
3. 데친 마늘종을 넣어 볶으면서 설탕(0.5), 굴
　소스(1), 두반장(0.5), 식초(0.5), 후춧가루
　넣어 볶고 마무리.

마늘종은 끓는 물에 소금을 넣고 짧은 시간 데
쳐야 색이 선명하고 아삭하답니다.

## 새우젓과 어우러진 애호박볶음

**재료 미리 준비하기**

주 재 료 : 애호박(2줌), 굵은 소금(1)
부 재 료 : 청양고추, 붉은 고추, 대파
양 념 장 : 새우젓(0.3)+다진 마늘(0.3)+
　　　　　고춧가루(0.3)+참기름(0.3)+깨(0.3)

**1** 애호박은 굵은 소금(1)으로 절여 물기가 나오면 한 번 씻어 물기를 짜내고,

애호박은 새우젓과 궁합이 잘 맞는 식재료지요. 애호박이 한창인 여름철, 새우젓과 애호박의 환상적인 하모니를 즐겨보세요.

**2** 달군 팬에 식용유(1)를 두르고 절인 애호박을 빠르게 볶고,

**3** 청양고추, 붉은 고추, 대파를 넣어 볶고,

**4** 분량의 양념장을 넣어 버무리고 마무리.

*독신남의 어드바이스*
넓은 접시에 펼쳐 놓고 빠르게 식히면 색이 살아 있는 애호박볶음이 되지요.

# 한 달의 기다림 마늘종장아찌

재료 미리 준비하기

주 재료 : 마늘종(2줌), 고추장(1컵)
양 념 : 설탕, 참기름, 깨

마늘종에서 나온 물과 고추장이 어우러져 아삭아삭 달콤한 맛이
입맛을 돋우는 여름 별미랍니다.

**1** 마늘종을 적당한 크기로 잘라 고추장에
버무린 다음 병에 넣어 한 달간 실온에서
삭히고,

재료 더하기
많이 무쳐 놓으면 물이
생깁니다. 먹을 만큼만 꺼내
무쳐 먹는 게 좋아요.

**2** 한 달 뒤에 꺼내 설탕, 참기름, 깨를
약간씩 넣어 잘 버무리고 마무리.

독신남의
요리 노트

## 마늘종간장장아찌

**1.** 마늘종은 간장으로 삭혀도 맛있는데요.
우선 마늘종을 5cm 길이로 잘라 유리병에
담고 소주(2컵), 진간장(1컵), 식초(1컵), 소금
($\frac{1}{3}$컵)을 섞어 마늘종이 잠길 만큼 붓고,
**2.** 마늘종이 뜨지 않도록 무거운 것으로 누른
뒤 밀봉해서 재워두고,
**3.** 2~3일 뒤 간장물만 따라서 끓인 뒤 식혀
서 다시 마늘종에 붓고,
**4.** 이제 1개월만 기다리면 맛있는 마늘종간장
장아찌를 맛볼 수 있지요.

같은 방법으로 풋고추를 넣어 삭히면 고추간
장장아찌가 된답니다.

## 재료 미리 준비하기

**주 재 료** : 우엉(2줌)
**양 념 장** : 물(1컵)+진간장(4)+설탕(2)+
물엿(2)+맛술(2)

**독신남의
요리 노트**

### 연근조림

아삭하고 쫀득거리는 연근조림도 우엉조림과
같은 방법으로 만들어요. 우엉 대신 연근을 식
촛물에 담갔다가 양념장에 조리면 되지요. 같
은 방법으로 죽순조림을 해도 맛있겠네요.

윤기가 좌르르 흐르는 우엉조림은 김밥 속 재료로 많이 사용되지요.
우엉조림을 밥반찬으로 먹어도 그만이지요.

**독신남의어드바이스**
우엉이나 연근을 식촛물에
담가두면 변색을 막고 떫은
맛도 없앨 수 있어요.

**1** 우엉을 나무젓가락 굵기로 채쳐서 식촛물
에 10분간 담가두고,

**2** 식용유에 살짝 볶고,

**3** 양념장을 넣어 색이 나도록 조리고 마무리.

# 도시락 반찬의 백미 어묵 조림

### 재료 미리 준비하기 (2인분)

**주 재 료** : 어묵(2줌), 다진 마늘, 식용유
**부 재 료** : 양파, 청양고추, 붉은 고추, 참기름, 깨
**양 념 장** : 물(4)+진간장(3)+맛술(1)+설탕(1)+
물엿(0.5)

독신남의
요리노트

## 콩자반 만들기

콩자반도 어묵조림과 함께 대표적인 도시락
반찬이지요.

1. 물(2컵)에 검은콩($\frac{1}{2}$컵)을 넣어 삶고 물이
   자작해지면 간장(2컵), 설탕($\frac{1}{2}$컵) 넣어 조
   리고,
2. 거의 다 졸아들면 물엿(1)을 넣어 뒤적이고
   깨 뿌려서 마무리.

도시락 반찬에 빠지지 않는 것이 어묵 조림이지요.
튀긴 것을 볶고, 조리고... 어묵 조림도 중국요리 못지 않은
훌륭한 요리랍니다.

**1** 물(4), 진간장(3), 맛술(1), 설탕(1),
물엿(0.5)을 섞어 양념장을 만들고,

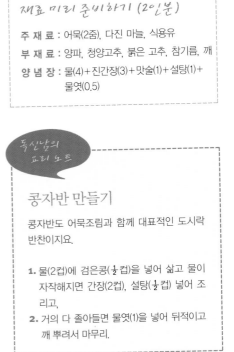

독신남의
어드바이스
어묵 요리를 하기 전에는 어묵을
항상 끓는 물에 2~3초간 살짝
데쳐서 찬물에 헹구어야 좋지
않은 기름을 씻어낼 수
있어요.

**2** 식용유(1) 두르고 어묵, 다진 마늘, 양파,
청양고추, 붉은 고추를 넣어 살짝 볶고,
양념장 넣어 조리고, 참기름, 깨 뿌리고 마무리.

# 톡톡 터지는 맛 느타리버섯조림

재료 미리 준비하기

주 재 료 : 느타리버섯(2줌), 죽순(1줌)
부 재 료 : 청양고추, 붉은 고추
양 념 장 : 진간장(3)＋물(3)＋맛술(2)＋
         물엿(1)＋설탕(1)
녹 말 물 : 녹말가루(1)＋물(1)

짭쪼름한 양념에 버무려진 느타리버섯과 죽순이 누가 더 쫄깃한가 대결을 하네요.

**독신남의 요리 노트**

## 느타리버섯 보관하기

비닐봉지에 밀봉한 느타리버섯을 냉장고에 넣어두면 4~5일 정도는 신선도를 유지할 수 있어요.
아예 데쳐서 냉동 보관하거나 그대로 냉동했다가 끓는 물에 데쳐서 다시 요리에 사용해도 되지요. 냉동했던 버섯을 그냥 해동시키면 질겨지니 반드시 다시 데쳐야 해요.

## 음식에 녹말물을 넣으면

녹말물을 넣으면 음식에 윤기가 날 뿐 아니라 음식이 식는 것도 지연시킬 수 있지요. 녹말물은 녹말가루와 물을 1 : 1로 섞어서 조리 마지막 과정에 넣고 빠르게 섞어야 뭉치지 않고 골고루 윤기가 난답니다.

**1** 양념장을 자작자작 끓이다가 버섯, 죽순 넣어 조리고,

**2** 청양고추, 붉은 고추 넣고, 녹말물 뿌려 윤기내고 마무리.

# 사랑스런 새송이버섯구이

### 재료 미리 준비하기

**주 재료** : 새송이버섯(3개)
**유 장** : 참기름(3)+진간장(1)
**양 념 장** : 진간장(2)+설탕(1)+맛술(1)+
다진 마늘(0.5)+다진 파(0.5)

독신남의
요리 노트

## 비타민이 풍부한 새송이버섯

새송이 버섯은 비타민 C가 풍부하고 필수 아미노산을 다양하게 함유하고 있는 버섯으로 알려져 있는데요. 대부분의 버섯이 비타민 C가 없거나 매우 적게 함유되어 있는 것에 반해 새송이버섯은 비타민 C가 느타리버섯의 7배, 팽이버섯의 10배로 함량이 매우 높고, 무기물(특히 칼슘과 철) 함량이 다른 버섯에 비해 상대적으로 높답니다.

고기와 같이 구워 먹으면 좋은 새송이버섯을 짭쪼름하게 양념해서 구우면 훌륭한 밥반찬이 되지요.

**1** 분량대로 섞어 **유장**을 만들고, **양념장**도 만들고,

**2** 새송이버섯에 **유장** 바르고,

**3** 식용유 두른 팬에 새송이버섯을 구우면서 **양념장** 바르고 마무리.

강한 불에 조리는 **꽁치조림**

재료 미리 준비하기

주 재 료 : 꽁치(2마리), 굵은 소금(3)
부 재 료 : 양파, 대파, 청양고추, 붉은 고추
양 념 장 : 물(2컵)+진간장(3)+고춧가루(2)+
　　　　　설탕(1.5)+다진 마늘(1)+
　　　　　생강가루(0.3)+후춧가루(0.3)+
　　　　　소금(0.3)+식용유(3)+소주(1)

독신남의
요리 노트

### 등 푸른 생선

등 푸른 생선에는 불포화 지방산이 많이 함유
되어 있는데요. 이러한 지방산은 콜레스테롤
대사를 원활하게 해서 혈액 순환과 심장, 혈관
의 근육 수축을 조절하여 정상적인 혈압을 유
지하도록 도와 주지요.
등 푸른 생선으로는 고등어, 정어리, 연어, 참
치, 전갱이, 꽁치, 삼치 등이 있답니다.

생선조림은 두께가 얇은 냄비에서 강한 불에 조려야
제 맛이 납니다.

**1** 꽁치는 내장을 깨끗이 칼로 긁어내고,
사선으로 잘라 굵은 소금(3)에 절여 씻고,

**2** 무는 큼직하게 썰어 넣고, 손질한 꽁치에
양념장을 얹고,

**3** 강한 불에서 냄비를 흔들어 가며 조리다
가 양파, 대파, 고추 넣고 마무리.

# 씹을수록 더 좋은 더덕구이

더덕구이는 씹을수록 특유의 향이 입맛을 돋우는 반찬이지요.

산사 근처의 식당에서 먹으면 더욱 좋겠지만 집에서도 그 맛을 즐겨보세요.

재료 미리 준비하기

주 재 료 : 더덕(3뿌리)
유 장 : 참기름(1)+진간장(0.5)
양 념 장 : 고추장(1)+설탕(0.5)+진간장(0.5)+
　　　　　다진 파(0.5)+다진 마늘(0.3)+
　　　　　깨(0.3)+참기름(0.3)

독신남의
요리 노트

## 물 먹고 체하면 더덕이 으뜸!

더덕은 강장제로도 효과적이고 폐와 비장, 신
장, 위장을 튼튼하게 해주고, 더욱이 물 먹고
체한 데 특효라고 하지요. 가을이 제철이고,
뿌리가 희고 굵으며 곧게 뻗은 것일수록 영양
이 풍부하고 약효도 좋지요.

### 더덕생채

더덕을 생채로 드실 때는 포를 만든 다음 양념
장을 만들어 무치는데, 이 때 식초를 약간 넣
어 주면 좋아요.

**1** 더덕은 껍질을 벗기고
반으로 가른 다음,
소금물에 담가 쓴맛을 빼고,

> 독신남의
> 어드바이스
> 더덕이나 도라지는 소금물에 담가
> 두거나 소금을 넣고 바락바락 씻어야
> 쓴맛도 빼고 변색도
> 막을 수 있어요.

**2** 방망이로 두들겨 포를
만든 다음 앞뒤로 유장을 바르고,

> 독신남의
> 어드바이스
> 유장은 굽기 전에 참기름과
> 진간장을 섞어 발라주는
> 것을 말하지요.

**3** 앞뒤로 애벌구이를 하고,

**4** 앞뒤로 양념장 발라 굽고 마무리.

독신남의
요리 노트

## 도라지오이생채

1. 도라지(2줌)는 굵은 소금(1)을 넣어
바락바락 씻어 쓴맛을 뺀 다음 물
기를 꼭 짜고,

2. 오이(1개)는 굵은 소금(1)을 넣어 5
분 정도 절인 다음 찬물에 헹궈
물기를 꼭 짜고,

3. 쓴맛을 뺀 도라지를 고춧가루(2)
로 무쳐 물들이고, 오이, 양파, 식
초(2), 다진 파(2), 다진 마늘(1), 설
탕(1), 소금, 참기름, 깨 약간씩 넣
어 무치고 마무리.

4. 반찬이 적어도 푸짐하게 먹을 수
있는 방법 중에 최고는 역시 비빔
밥이지요.

비 오는 날에는 **김치전**

비가 추적추적 내리는 날이면 기름진 부침개가 생각나지요. 양철지붕으로 떨어지는
빗소리를 들으면 막걸리까지 한 사발 들이키면 노래가 절로 나온답니다.

재료 미리 준비하기 (2장)

주 재 료 : 배추김치(1줌), 돼지고기(1줌),
부 재 료 : 붉은 고추, 양파
반 죽  재 료 : 밀가루($\frac{2}{3}$컵), 물($\frac{2}{3}$컵),
        김칫국물(1)
초 간 장 : 진간장(1)+물(1)+식초(0.5)+
        후춧가루+참기름+깨

**1** 배추김치, 돼지고기, 양파는 다져두고,

**2** 밀가루($\frac{2}{3}$컵),
물($\frac{2}{3}$컵), 김칫국
물(1)을 넣어 반죽하고,

> 독신남의 어드바이스
> 반죽은 약간 걸쭉한 상태가 좋아요. 너무 저으면 끈기가 생겨 좋지 않으니 밀가루가 풀어질 정도만 저어주세요.

**3** 팬에 식용유(1)를 두르고 반죽을 한 국자 떠 넣어 지지면서 붉은 고추 올리고,

**4** 밑면이 완전히 익으면 뒤집어 꼭꼭 눌러서 지지고 **초간장**을 곁들여 내기.

> 독신남의 어드바이스
> 뒤집을 때는 팬을 앞뒤로 흔들어 전이 미끄러지듯 움직이면 손목의 힘을 이용해 가볍게 뒤집어주세요.

> 독신남의 요리 노트

## 비가 오면 기름진 음식이 먹고 싶어지는 이유

평소에는 우리 몸이 태변(독)을 지방으로 안전하게 감싸고 있어요. 날이 추워지면 우리 몸은 지방을 연소해야 하는데 지방이 연소되면 태변이 온몸을 돌아다니며 병을 만들기 시작합니다. 이를 예방하기 위해 우리 몸은 자연스럽게 고열량 식품을 요구하게 되는 것이지요.

## 향긋한 굴전

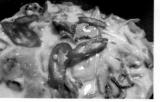

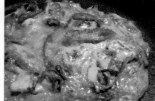

**1.** 밀가루와 물을 같은 분량으로 섞어 반죽하고 굴, 부추, 고추를 넣어 지지면

**2.** 간단하게 향긋한 굴전이 만들어지지요.

# 으물으물 애호박지짐

재료 미리 준비하기

주 재 료 : 애호박

양 념 장 : 국간장(1)+새우젓(1)+다진 마늘(1)+
         다진 파(0.5)+고춧가루(0.5)+
         참기름+깨

**독신남의 요리 노트**

## 애호박전

애호박은 그냥 지져도 맛있지만 밀가루, 달걀
물 순으로 묻혀서 전을 해도 좋지요. 청양고
추와 붉은 고추를 다져서 색을 내면 더욱 예
쁘답니다.

한 입 물면 으물으물 입안 가득 물이 생기면서 달짝지근한 애호박 맛이
퍼집니다. 밥반찬으로도 좋고, 소주 안주로도 훌륭한 애호박지짐에
도전해 보세요.

**1** 분량대로 섞어 **양념장**을 만들어두고,

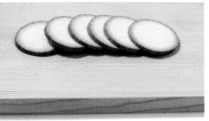

**2** 애호박을 적당히 썰고,

**3** 달군 팬에 식용유(1)를 두르고 강한
불에서 빠르게 지지고, 접시에 담아
양념장을 짜지 않게 살짝 얹고 마무리.

모양을 살려서 **달걀말이**

재료 미리 준비하기

주 재료 : 달걀(3개), 소금
부 재료 : 양파, 파, 당근, 붉은 고추

**1** 달걀(3개)을 채에 내려 소금으로 간하고,

모양도 맛도 일품인 달걀말이는 학창 시절 즐겨 먹던 도시락 반찬이지요.
달걀말이를 쉽고 예쁘게 말아보세요.

**2** 양파, 파, 당근, 붉은 고추를 다져서 넣어 잘 섞고,

**3** 팬에 식용유를 두른 다음 키친타월로 닦아내고, 달걀물을 절반만 부어 약한 불에 익히면서 말고,

독신남의 어드바이스
달걀을 말고 나서 김발에 놓고 꼭꼭 눌러 모양을 잡으면 예쁜 달걀말이를 만들 수 있어요.

**4** 나머지 절반을 부어 연결해서 말고 마무리.

굴려굴려 **미트볼**

식어도 맛있어서 도시락 반찬으로도 좋고, 술안주로도 손색이 없는 미트볼입니다.
어린이 영양 간식으로도 인기만점이지요.

**1** 볼에 돼지고기(갈은 등심 1줌),
다진 양파(1줌), 다진 마늘(1), 소금,
후춧가루를 약간씩 넣고

**2** 녹말가루(4) 넣어 끈기가 생기도록
치대고,

**3** 완자를 한 입 크기로 만들어 녹말가루에
굴리고,

**4** 식용유를 넉넉히 해서 노릇하게 튀겨
체에 받쳐 두고,

**5** 팬에 맛술(3), 물(2), 토마토 케첩(2),
굴 소스(1)를 넣어 자작자작 끓이다가

**6** 튀긴 완자를 넣어 굴리고 마무리.

독신남의
요리노트

### 굴림 만두

3번 과정 이후에 완자를 튀기지 않고 물에 삶
아 주면 간단하게 만두 맛을 즐길 수 있답니다.
부추, 숙주, 당면 같은 것을 더하면 더욱 만두
맛이 나겠지요.

# 부드럽고 촉촉한 가지나물

재료 미리 준비하기

주 재료 : 가지(2개)

양 념 : 붉은 고추(0.5), 고춧가루(0.5),
다진 마늘(0.5), 다진 파(0.5),
국간장(0.5), 설탕(0.3), 참기름, 깨

가지나물은 초여름에서 가을까지가 제철인데요. 부드럽고 촉촉한 맛이
살살 녹이지요.

**1** 칼집을 낸 가지를 김이 오른 찜통에
5분간 찌고,

**2** 체에 받쳐 칼집대로 손으로 찢어 물기를
꼬~옥 짜고,

**3** 붉은 고추(0.5), 고춧가루(0.5), 다진
마늘(0.5), 다진 파(0.5), 국간장(0.5),
설탕(0.3), 참기름, 깨 넣어 조물조물 무치고
마무리.

지글지글 양념 **고갈비**

재료 미리 준비하기

주 재 료 : 생물 고등어(반 마리), 굵은 소금
양 념 장 : 고추장(0.5)+고춧가루(0.5)+
다진 파(0.5)+청양고추(0.5)+
진간장(0.5)+맛술(0.5)+다진 마늘(0.3)+
설탕(0.3)+참기름(0.5)+후춧가루+깨

독신남의
요리 노트

## 자반 고등어

생물 고등어에 굵은 소금 뿌려 하룻밤 재우면
짭짤하고 살이 단단한 자반고등어가 됩니다.
석쇠에 구워 와사비 간장이나 초고추장에 찍
어 먹으면 그만이지요.

소금에 절인 자반 고등어를 구워 먹는 것을 고갈비라고 하지요.
이 고갈비에 고추장 양념을 발라서 구으면 아주 색다른 맛이 난답니다.
마늘채를 곁들여 먹으면 더욱 좋지요.

**1** 고등어에 굵은 소금 뿌려 밑간하고,

**2** 팬에 앞뒤로 굽고,

**3** 양념장 바르고 마무리.

# 향긋한 봄내음 냉이무침

재료 미리 준비하기

주 재 료 : 냉이(2줌)
양 념 : 된장(1), 다진 마늘(0.5), 깨소금(0.5),
들기름(0.5)

봄이 오면 산에 들에 진달래만 피나요?
봄 향기의 대표 선수 냉이를 무쳐 먹어 보아요.

독산님의
요리 노트

## 달래무침

달래를 보면 군 시절 훈련 중에 야산에서 달래
를 캐서 먹던 기억이 나는데요. 달래(2줌)는
흙을 털어 깨끗이 씻고 국 간장(2), 고춧가루(1),
다진 파(1), 다진 마늘(0.3), 참기름, 깨 넣어 무
치면 되지요.

**1** 소금물을 끓여 냉이(2줌)를 넣고 한번 더
우르르 끓으면 건져내고,

**2** 찬물에 헹구고,

**3** 된장(1), 다진 마늘(0.5), 깨소금(0.5),
들기름(0.5) 넣어 무치고 마무리.

# 짭조름 매콤한 똑똑이자반

**재료 미리 준비하기**

주 재 료 : 쇠고기(홍두깨살 2줌), 청양고추

양 념 : 물(⅓컵), 진간장(2), 국간장(2), 설탕(1),
물엿(0.5), 다진 마늘(0.5), 생강가루(0.3),
참기름, 후춧가루, 깨

**1** 쇠고기는 찬물에 담가 핏물을 빼고,

쇠고기를 잘게 잘라서 짠 듯하게 조려서 짭조름하고 매콤한 맛이
밥반찬으로 좋아요.

**2** 팬에 참기름(1)
두르고 쇠고기(2줌)를 볶은 다음
진간장(2)을 넣고,

> **독신남의 어드바이스**
> 간장은 소고기가 다 익은 다음 넣어주세요. 그렇지 않으면 고기가 질겨진답니다.

**3** 물(⅓컵) 부어 조리면서 청양고추,
국간장(2)을 넣고,

**4** 설탕(1), 물엿(0.5),
다진 마늘(0.5), 생강가루(0.3), 참기름,
후춧가루, 깨 순으로 넣고 마무리.

> **독신남의 어드바이스**
> 소금으로 간해서 짠 듯하게 만드세요.

# 쌈으로 먹는 가지전

재료 미리 준비하기 (2인분)

주 재료 : 가지(1개), 밀가루, 달걀물
부 재료 : 소고기(등심 1줌), 양파채(1줌)
양 념 장 : 진간장(1)+식초(1)+물(1)+설탕(1)+
         연겨자(0.5)+다진 마늘(0.5)+
         참기름(0.3)+소금(0.3)

가지와 쇠고기는 참 잘 어울리는 재료예요. 전을 해서 볶은 쇠고기와 야채를 곁들여 겨자초간장에 찍어 먹으면 그 푸짐함에 행복해지지요.

**1** 가지(1개)는 길고 넓적하게 자르고, 밀가루, 달걀물 준비하고, 쇠고기 (등심 1줌)는 채 썰어 진간장, 맛술, 설탕, 후춧가루 약간씩 넣어 밑간하고, 양파(1줌)도 채 썰고, 무순도 준비하고, 양념장도 준비하고,

**2** 가지는 밀가루, 달걀물 순으로 묻혀 지지고,

**3** 팬에 쇠고기(등심 1줌) 볶다가 양파채(1줌) 넣어 볶고,

> 재료 더하기
> 부추를 넣어 볶으면 더욱 좋아요.

**4** 쇠고기와 양파, 무순을 가지전으로 싸서 **양념장**에 찍어 먹기.

강원도의맛 **감자전**

재료 미리 준비하기 (2인분)

**주 재 료** : 감자(2개), 녹말가루(2), 소금
**부 재 료** : 부추, 양파, 붉은 고추
**초 간 장** : 진간장(1)+물(1)+식초(0.5)+참기름+
후춧가루+깨

**1** 감자(2개)를 갈아 체에 받쳐 물기를 빼고,

쫀득한 감자의 맛과 향이 강원도 시골집으로 여행하는
기분이 들게 합니다.

**2** 부추, 양파, 녹말가루(2), 소금을 넣어
반죽하고,

**3** 팬에 식용유(1) 두르고 반죽을 한 숟갈씩
떠 넣어 지지면서 붉은 고추 올리고,

**4** 밑면이 완전히 익으면 한 번 뒤집어 꼭꼭
눌러주고 마무리.

# Part 5

# 생크림 케이크,
# 초코칩쿠키, 피자바게뜨
# 집에서 만든다!

에스프레소 커피집에 가면 꼭 먹게 되는 것이 있어요. 바로 고구마 케이크이에요.

부드럽고 구수한 맛, 한 번 먹어본 뒤로는 집에 있다가도 먹고 싶어지더군요.

케이크를 만든다니 집에 오븐이라도 있나 하시겠죠? 음식을 만드는 데도

상상력을 발휘해야 한답니다. 값비싼 오븐 없이 전기밥통만 가지고도 부드러운

케이크 맛을 제대로 재현할 수 있어요.

# 전기밥통으로 만든 생크림케이크

제과 도구가 전혀 없이 생크림케이크를 만들 수 있다면 믿으시겠어요? 과정 사진을 보시면 알겠지만 집안 구석구석에 있는 도구를 이용해서 케이크를 만들었답니다. 압력밥솥이라도 가능해요. 꼭, 도전해 보세요.

## 재료 준비하기

**1.** 달걀(4개)은 노른자와 흰자를 분리해 물기가 없는 깨끗한 큰 볼에 나누어 담아두고,(흰자에 노른자가 섞이면 떡이 되니 주의하세요.)

**2.** 박력분이나 중력분(⅞컵)을 바닐라향(0.5)과 섞어 체에 내려두고,

**3.** 버터(2.5)는 중탕으로 녹여두고,

**4.** 밥솥 안쪽에 버터를 얇게 발라놓고,

## 거품내기

**5** 노른자는 거품기로 살짝 풀어준 다음 설탕(¼컵)을 넣고 아이보리색이 날 때까지 거품을 내고,

**6** 흰자는 거품기로 치듯이 저어 거품을 내다가 세 번에 걸쳐 설탕(¼컵)을 나누어 넣고, 빳빳한 뿔이 생길 때까지 거품을 올리고,

## 반죽하기

**7** 노른자에 거품 낸 흰자를 세 번에 나누어 넣고, 고무 주걱으로 가르듯이 살짝살짝 섞고,

**8** 체에 내린 박력분과 바닐라향을 넣어 섞고, 본 반죽을 한 국자 덜어서 녹인 버터(2.5)에 넣어 잘 섞고, 다시 본 반죽에 넣어 거품이 죽지 않게 살살 섞고,

## 시트굽기

**9** 밥통에 반죽을 넣어 바닥에 툭툭 치면서 담고, 취사 버튼을 누르고 보온되면 취사 버튼 다시 누르고 보온 상태에서 약 20~30분 뒤에 구수하게 익는 냄새가 나면 뚜껑을 열고 이쑤시개로 찔러보고, 반죽이 묻어나지 않으면 완성.

**10** 완성된 시트를 습기가 차지 않도록 체 같은 것에 받쳐 식히고 마무리.

## 장식하기

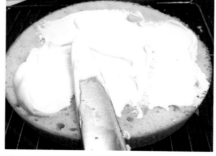

**11** 시트 중간을 갈라서 설탕 시럽(설탕(1)+물(1))을 바른 다음 거품 올린 생크림을 바르고 다시 시트를 올리고,

**12** 전체적으로 거품 올린 생크림을 바르고 짤주머니로 장식하고 딸기 올리고 마무리.

# 달콤하고 포근한 고구마케이크

재료 미리 준비하기

주 재 료 : 시트, 고구마(2줌), 생크림(500ml), 설탕(2), 버터(1.5), 꿀(⅓컵)
커스터드 크림 : 달걀노른자(2개), 설탕(1.5), 밀가루(1.5), 설탕(2)을 넣어 데운 우유(1컵)
장 식 : 밤, 피스타치오
* 시트 만들기는 204쪽 생크림케이크를 참고하세요.

**1** 시트는 3등분해서 1개는 바닥으로 쓰고 나머지는 체에 내려 가루로 사용해요.

독신남의 어드바이스
커스터드 크림을 만드는 동안 고구마를 삶거나 구워주세요.

**2** 노른자(2개)에 설탕(2)을 넣고 잘 섞고, 밀가루(1.5)를 넣어 섞은 다음 데운 우유 (1컵)를 조금씩 부어 가며 끓여 커스터드 크림을 만들고,

**3** 고구마(2줌)는 뜨거울 때 체에 내리고, 버터(1.5), 꿀(⅓컵)을 넣어 섞고,

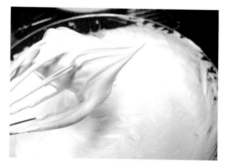

**4** 생크림(500ml)에 설탕(2)을 세 번에 나누어 넣어 단단한 상태까지 거품을 올려두고,

**5** 고구마가 좀 식으면 커스터드 크림을 넣어 너무 되지 않은 질기로 맞추고, 완전히 식으면 거품 올린 생크림을 넣어 부드러운 질기로 맞춰 고구마 무스를 만들고,

독신남의 어드바이스
링 바닥은 랩으로 감싸 막아주세요.

**6** 링에 3등분한 시트 1장을 깔고 시럽을 넉넉히 바르고, 만들어둔 고구마 무스를 넣고, 랩을 씌워 3시간 동안 냉동하고,

**7** 냉동한 고구마 무스는 뜨거운 물수건으로 감싸 링을 벗기고,

**8** 반듯한 모양의 고구마무스에 거품 올린 생크림을 얇게 바르고,

**9** 시트를 체에 내려 가루 만든 후 솔솔 뿌려 장식하고 마무리.

# 기분이 좋아지는 티라미수

티라미수는 이탈리아의 대표적인 디저트 케이크인데요.

Tiramisu의 tirare는 '끌어올리다'라는 뜻이고, mi는 '나'를 뜻하고, su는 '위로'라는

의미를 가지고 있어요. 한마디로 티라미수는 '기분이 좋아지는 요리'인 셈이지요.

**1** 크림치즈(200g), 설탕(55g)을 잘 섞고,

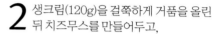

**2** 생크림(120g)을 걸쭉하게 거품을 올린
뒤 치즈무스를 만들어두고,

**3** 링에 시트를
넣고 커피 시럽을
넉넉히 적시고,

독신남의
어드바이스
커피 시럽은 분량대로 섞어
끓인 다음 식히세요.

**4** 만들어둔 치즈
무스를 절반 넣고,

독신남의
어드바이스
링은 바닥이 없으므로 바닥에 랩을
씌우는 것이 좋아요. 만일 링이
없으면 우유팩이나 페트병 같은
것을 잘라서 사용하세요.

**5** 다시 지름이 약간 작은 시트를 깔고,
커피 시럽 적시고, 치즈무스로 마감하고
냉동실에서 3시간동안 냉동하고,

**6** 코코아가루를 솔솔 뿌려 옷을 입히고,
링을 뜨거운 거즈로 녹여 들어내고
마무리.

# 쿠키가 외로워 초코칩쿠키

초코가 외로워 쿠키를 만났어요.

쿠키는 간단히 사 먹을 수도 있지만 직접 구운 쿠키에는 어느 제과점에서도

맛볼 수 없는 정성이 녹아 있답니다. 내 손으로 직접 만든 쿠키, 그 신기함을 느껴보세요.

## 재료 미리 준비하기

**주 재 료** : 버터(75g), 황설탕(120g), 달걀(1개),
밀가루(박력 또는 중력 110g),
베이킹파우더(3g), 초코칩(100g)이나
시중에 파는 초콜릿

**밀가루의 무게**
종이컵 1컵 = 100g
1숟가락 = 10g

**1** 실온에 두었던 버터(75g)를 마요네즈처럼 되직하게 풀고, 황설탕(120g)을 섞은 뒤 달걀(1개)을 넣어 거품 올리듯 반죽하고,

**2** 체에 내린 밀가루(110g), 베이킹파우더(3g), 초코칩(100g)을 1에 넣어 반죽하고,

**3** 밀가루를 뿌린 접시에 놓고 돌돌 뭉치고, 냉동실에 넣어 냉동하고,

**독신남의 어드바이스**
쿠키와 쿠키는 간격을 띄워 여유 있게 배치하고, 상황을 봐가며 굽는 시간을 조절해 주세요.

**4** 토막낸 뒤 오븐토스터에서 약 10분간 익히고,

**독신남의 요리 노트**

## 향이 은은한 허브팬케이크 만들기

**주재료** : 중력분(200g), 베이킹파우더(20g), 달걀(3개), 우유(100cc), 설탕(20g), 버터(50g), 허브(약간)

1. 볼에 달걀(3개)를 넣어 거품기로 거품을 내고,
2. 우유(100cc), 설탕(20g)을 중탕해서 넣어 섞고,
3. 중력분(200g), 베이킹파우더(20g)를 체에 내려 넣고,
4. 버터(50g)를 중탕으로 녹여 넣고,
5. 다진 허브도 넣어 반죽하고,
6. 달군 팬에 식용유(1) 두르고 반죽을 한 국자 떠넣어 부침개 하듯 노릇노릇하게 굽고 마무리.

**5** 열이 강하면 타니까 은박 뚜껑을 덮어주세요.

# 요즘 뜨는 피자바게뜨

요즘 제과점에 가면 피자바게뜨가 인기랍니다.

쫀득쫀득 고소한 피자바게뜨, 이제 집에서 간단히 즐겨보세요.

주 재 료 : 바게뜨($\frac{1}{2}$개), 모짜렐라 치즈(2줌)

부 재 료 : 양파(1줌), 피망(1줌),
　　　　　스위트콘(캔 옥수수 1줌), 햄(1줌)

피 자　양 념 : 토마토 케첩(3), 설탕(1),
　　　　　후춧가루(0.3)

야 채　양 념 : 마요네즈(3), 소금, 후춧가루

**1** 바게뜨는 반으로 가르고, 야채는 깍둑
썰기 하고,

**2** 바게뜨에 토마토 케첩(3)과 설탕(1), 후춧
가루(0.3) 섞어 바르고, 야채는 마요네즈
(3)와 소금, 후춧가루 약간씩 넣어 버무리고,

**3** 준비한 바게뜨 반쪽에 야채를 수북히
올린 뒤 토마토 케첩을 뿌리고,

**4** 모짜렐라 치즈(2줌)를 골고루 얹고,
야채를 조금 더 올린 다음 오븐 토스터에서
6분간 굽고 마무리.

독신남의
요리 노트

## 아침을 부르는 마늘바게뜨

창가로 아침 햇살이 가득 쏟아지는 날에는 마늘바게뜨로 하루를 시작해 보세요.

**주재료 :** 바게뜨(1개)
**부재료 :** 버터(2), 마늘(1), 피망(1),
당근(1), 파슬리(0.5), 설탕(1), 치
즈, 마요네즈

**1.** 버터(2), 마늘(1), 피망(1), 당근(1),
파슬리(0.5), 설탕(1)을 섞어 바게뜨
에 바르고,

**2.** 치즈, 마요네즈를 뿌려 오븐 토스
터에서 6분간 굽고 마무리.

# 상큼한 사과 식빵피자

재료 미리 준비하기

주 재 료 : 식빵, 모짜렐라 치즈
부 재 료 : 피망, 사과, 스위트콘(캔 옥수수), 허브
토 마 토  소 스 : 케첩(1)+양파(1)+햄(1)+
　　　　　　　　다진 마늘(0.5)+설탕(0.5)+
　　　　　　　　후춧가루+버터(1)+
　　　　　　　　월계수 잎(1장)

피자식빵을 많이 만들어서 냉동 보관했다가 출출할 때마다 구워먹으면
좋지요. 냉동한 피자는 꼭 해동한 뒤에 구워야 한다는 것 잊지 마세요.

**1** 분량대로 섞어 **토마토 소스**를 만들어
끓이고,

**2** 물을 조금 부어 걸쭉하게 졸이고,

**3** 식빵에 토마토 소스, 피망, 사과, 스위트
콘, 모짜렐라 치즈, 허브를 올리고,

**4** 오븐 토스터에서 6분간 굽고 마무리.

# 달콤한 트러플

재료 미리 준비하기

주 재료 : 케이크 시트(1줌), 딸기쨈(1),
초콜릿(½컵)

부 재료 : 버미샐리 또는 슈가파우더
(버미샐리나 슈가파우더 같은 고명
은 마트의 제과 장식 코너에서 살
수 있어요)

**1** 짜투리 케이크 시트(1줌)에 딸기쨈(1)을 넣어 조물조물 주물러 경단을 만들고,

케이크를 만들다 보면 자투리 시트가 많이 생기기 마련이지요.
이럴 땐 트러플로 알뜰하게 해결하세요. 연인끼리 서로 먹겠다고 트러
블 나지 않게 주의하시고요.

**독신남의
어드바이스**
냄비에는 물이 끓고 있어요.
버터나 초콜릿을 용기에 담아 끓고 있는
물에 넣어 녹이는 것을 중탕이라고 하지요.
달걀찜 같은 것을 간접적으로 물 속에서
익히는 것도 중탕이라고 해요.

**2** 초콜릿(½컵)은
중탕으로 녹이고,

**3** 중탕으로 녹인 초콜릿에 만들어둔 경단을 넣어 굴리고,

**4** 고명(버미샐리나 슈가파우더)을 솔솔 뿌려 입히고 마무리.

# 소스, 양념장 가이드

## 양념장

### 초고추장
**재료** : 고추장(4), 식초(2), 설탕(1), 사이다(1)
**방법** : 모든 재료를 잘 섞는다.
**사용** : 신선한 회에 곁들여 먹는다.

### 볶음 고추장(약고추장)
**재료** : 고추장(1컵), 다진 쇠고기($\frac{1}{2}$컵), 설탕(6),
참기름(1), 다진 마늘(1), 잣
**방법** : 1.팬에 참기름(1)을 두르고 다진 쇠고기($\frac{1}{2}$컵),
다진 마늘(1)을 넣어 볶는다.
2.고기가 익으면 고추장(1컵)을 넣어 볶다가
끓으면 설탕(6), 물($\frac{1}{2}$컵)을 넣어 끓인 뒤 잣을
넣는다.
**사용** : 밥에 비벼 먹거나 야채를 찍어 먹는다.

### 쌈장
**재료** : 된장(5), 다시마 국물(2), 고추장(1), 고춧가루(1),
다진 양파(3), 다진 마늘(1), 다진 멸치(1), 다진
고추(1), 참기름, 깨
**방법** : 팬에 참기름을 두르고 다진 양파(3), 다진
마늘(1), 다진 멸치(1)를 볶다가 된장(5),
다시마국물(2), 고추장(1), 고춧가루(1)를 넣어
볶고 깨를 뿌린다.
**사용** : 각종 야채를 찍어 먹는다.

### 양념 간장
**재료** : 간장(4), 설탕(1), 고춧가루(1), 다진 파(1),
다진 마늘(0.5), 참기름(0.5), 깨(0.5)
**방법** : 모든 재료를 잘 섞는다.
**사용** : 두부, 무묵침, 야채 등을 날로 무쳐 먹을 때
양념으로 사용한다.

### 불고기 양념장(쇠고기 400g 기준)
**재료** : 진간장(4), 설탕(2), 배즙(2), 양파즙(2), 맛술(2),
다진 파(2), 다진 마늘(1), 후춧가루, 참기름, 깨
**방법** : 고기는 먼저 설탕(2), 배즙(2), 양파즙(2),
맛술(2)을 넣어 재워두었다가 진간장(4), 다진
파(2), 다진 마늘(2), 후춧가루, 참기름, 깨를 넣어
양념한다.

---

**사용** : 양파나 대파, 느타리버섯 등을 채 썰어 넣고 먹기
하루 전에 재워둔다. 육회의 양념으로 사용할
때에는 마늘과 참기름을 더 많이 넣는다.

### 갈비구이 양념장(갈비 600g 기준)
**재료** : 갈비(600g), 설탕(2), 맛술(3), 물(4컵),
진간장($\frac{1}{2}$컵), 대파(1뿌리), 양파($\frac{1}{2}$개), 생강(1톨),
통후추(0.3), 물엿(2), 월계수잎(3장), 마늘(3쪽),
배즙(2), 양파즙(1), 진간장(3), 후춧가루, 참기름
**방법** : 1.갈비에 설탕(2), 맛술(2), 후춧가루로 밑간한다.
2.물(4컵), 진간장($\frac{1}{2}$컵), 대파(1뿌리), 양파($\frac{1}{2}$개),
생강(1톨), 통후추(0.3), 월계수잎(3장),
마늘(3쪽)을 끓여 체에 걸러둔다.
3.끓인 양념에 진간장(3), 배즙(2), 양파즙(1),
맛술(1), 물엿(2), 후춧가루, 참기름을 섞어
밑간한 갈비를 재운다.
**사용** : 소갈비, LA갈비, 돼지갈비 등 각종 갈비구이
양념으로 사용한다.

### 새우젓 양념장
**재료** : 새우젓(6), 다진 파(1), 다진 마늘(0.5),
고춧가루(0.5), 생강가루(0.3), 깨(0.5),
참기름(0.3)
**방법** : 모든 재료를 넣고 잘 섞는다.
**사용** : 돼지고기 삼겹살 요리에 잘 어울린다. 새우젓은
단백질과 지방 분해 촉진 효과가 있어
돼지고기와 궁합이 잘 맞는다.

### 간장게장 양념장(꽃게 4마리 기준)
**재료** : 국간장(2컵), 조청(2컵), 설탕(3), 소주(2),
마늘(1통), 양파($\frac{1}{2}$개), 생강(1톨), 마른 고추(2개),
대파(1뿌리)
**방법** : 1.꽃게는 솔 등으로 문질러 깨끗이 닦은 다음
손질해서 토막낸다.
2.양파는 굵게 채 썰고, 마늘과 생강은 납작하게
저민다. 마른 고추는 어슷하게 썬다.
3.꽃게를 담고 국간장(2컵)을 자작하게 부은 뒤
설탕(3), 소주(2)를 넣고 양파, 마늘, 생강, 마른
고추, 대파를 넣어 골고루 섞는다.
4.③을 서늘한 곳에 두었다가 3일이 지난 다음
간장 국물을 냄비에 따라낸다.
5.④를 끓여 완전히 식힌 다음 다시 용기에 붓고

---

야채는 건져낸다.
6.⑤를 하루에 한 번씩 2일간 반복한다.
**사용** : 장아찌를 할 때에는 물(1컵)과 식초($\frac{1}{2}$컵)를 더한다.

### 곰탕 양념장(다대기)
**재료** : 고춧가루(3), 다진 파(2), 진간장(1), 곰탕 육수(1),
다진 마늘(0.3), 깨, 후춧가루, 참기름
**방법** : 모든 재료를 넣고 잘 섞는다.
**사용** : 곰탕이나 순대국 같은 국물에 풀어 얼큰한 맛을
낸다.

### 겨자초간장
**재료** : 갠 겨자(3), 땅콩버터(1), 레몬즙(1), 간장(0.5),
설탕(2), 식초(2), 소금(0.3), 실파, 참기름
**방법** : 1.겨자가루를 따끈한 물로 되직하게 반죽해
랩으로 싸거나 뚜껑을 덮어 뜨거운 곳에 10분
정도 둔다.(이 과정에서 겨자가루를
전자레인지에 넣어 발효시켜도 된다.)
2.갠 겨자에 따끈한 물을 부어 3분 정도 두었다가
물을 따라낸다.
3.갠 겨자에 땅콩버터, 레몬즙, 간장, 설탕, 식초,
소금, 실파, 참기름을 넣고 잘 혼합하여
겨자초장을 만든다. 농도 조절은 물이나 육수를
이용한다.
4.다진 마늘, 다진 잣, 다진 땅콩, 사과즙,
오렌지즙을 넣어도 좋다.
**사용** : 양장피, 구절판, 육회, 탕평채, 굴회, 냉채류 등에
곁들인다.

## 소 스

### 메밀국수 소스
**재료** : 국멸치(10마리), 다시마(사방 20cm 1장),
가쓰오부시(가다랑어포 1줌), 맛술(3컵),
진간장(2컵), 물(2컵), 설탕(3), 건표고버섯(5개)
**방법** : 1.냄비에 찬물(1컵)을 붓고 국멸치, 다시마를 넣고
끓인다.
2.다시마와 멸치를 건져내고 건표고버섯을
4등분해서 ①에 넣고 끓인다.
3.불을 끄고 분량의 가쓰오부시를 넣고 10분간
우린다.

4. 우려낸 국물을 거즈에 받쳐 건더기를 걸러낸다.

5. 물(1컵)을 더 붓고 가열하여 끓인 뒤 간장, 설탕을 넣고 잘 저어 끓으면 불을 끄고 식혀서 냉장 보관한다.

6. 사용할 만큼 덜어 물에 희석해서 쓰고, 살얼음이 생길 정도로 차게 보관한다.

7. 무는 강판에 갈아서 체에 받쳐 물기를 뺀다.

8. 고추냉이는 찬물에 개어 따로 낸다.

**사용** : 메밀국수와 곁들여 먹거나 농도를 진하게 해서 일식 튀김에 곁들인다.

## 겨자 소스

**재료** : 식초(1), 설탕(0.5), 소금(0.3), 발효 겨자(1), 다진 마늘(0.3)

**방법** : 식초, 설탕, 소금을 먼저 섞고 발효 겨자, 마늘순으로 섞는다.

**사용** : 사품냉채, 오향장육, 육회 등 각종 냉채의 소스로 사용한다.

## 마늘 소스

**재료** : 식초(6), 물(6), 설탕(2), 다진 마늘(2), 굴 소스(0.5), 두반장(0.5), 고추기름(0.5), 참기름(0.3)

**방법** : 모든 재료를 넣고 잘 섞는다.

**사용** : 냉채에 곁들인다.

## 타르타르 소스

**재료** : 마요네즈(3), 다진 피클(1), 다진 양파(1), 레몬즙(0.3), 소금, 후춧가루

**방법** : 모든 재료를 잘 섞는다.

**사용** : 튀김 소스로 이용한다.

## 화이트 소스

**재료** : 마요네즈(5), 연유(2), 생크림(2), 레몬즙

**방법** : 모든 재료를 넣고 잘 섞는다. 꿀과 양파 다진 것을 넣어도 좋다.

**사용** : 새우, 육류, 생선 등 튀김 요리에 곁들여 먹는다.

## 월남쌈 소스

**재료** : 휘시 소스(1), 파인애플 국물(2), 식초(0.5), 설탕(0.5), 다진 마늘, 붉은 고추, 청양고추

**방법** : 휘시 소스(1), 파인애플 국물(2), 식초(0.5), 설탕(0.5)을 섞고 다진 마늘과 붉은 고추, 청양고추를 잘게 썰어 넣는다. 땅콩버터를 넣으면 고소한 맛을 낼 수 있다.

**사용** : 월남쌈에 곁들여 먹는다.

\* 휘시 소스는 태국, 베트남의 거의 모든 요리에 사용되는 멸치액젓이다. 우리나라의 까나리액젓을 사용해도 좋다.

## 허니머스터드 소스

**재료** : 양겨자(4), 꿀(1), 백포도주(0.5), 식초(0.5), 식용유(1), 다진 마늘(0.5)

**방법** : 1. 양겨자(4)에 꿀(1)을 넣고 거품기로 젓는다.

2. 식초와 백포도주를 넣고 잘 섞는다.

3. 재료가 묽어지면 식용유(1), 다진 마늘(0.5)을 넣고 되직하게 갠다.

**사용** : 닭고기튀김, 새우튀김, 치킨너겟, 샐러드 드레싱, 샤브샤브 소스로 활용한다.

## 데리야끼 소스

**재료** : 진간장(1), 멸치다시마 국물(1), 맛술(1), 설탕(1), 생강가루

**방법** : 냄비에 진간장, 멸치다시마 국물, 맛술, 설탕을 같은 양으로 넣고 중불에서 서서히 농도가 나도록 조린다. 생강가루는 취향에 따라 약간 넣는다.

**사용** : 장어구이, 멸치볶음, 우엉조림, 연근조림, 감자조림, 갈치조림, 도미조림, 병어조림, 고등어조림, 무조림, 각종 꼬치구이, 두부조림, 양념통닭, 족발 등의 양념 소스로 사용한다. 때에 따라 물엿을 사용하기도 한다.

## 사우전드아일랜드 소스

**재료** : 마요네즈(4), 토마토 케첩(2), 다진 양파(2), 다진 피클(1), 다진 샐러리(0.5), 레몬즙(1), 소금, 후춧가루, 파슬리가루(약간씩)

**방법** : 1. 마요네즈(4)와 토마토 케첩(2)을 섞고 다진 양파(2), 피클(1), 샐러리(0.5)를 섞는다.

2. 섞은 재료에 레몬즙(1), 소금, 후춧가루를 넣고 파슬리 가루를 뿌린다.

**사용** : 애호박 달걀 샐러드, 야채 치즈 구이, 튀김 소스로 사용한다.

## 토마토살사 소스

**재료** : 토마토(1개), 양파($\frac{1}{2}$개), 피망($\frac{1}{2}$개), 레몬즙(2), 핫소스(1), 토마토 케첩, 소금, 후춧가루

**방법** : 1. 피망, 양파는 잘게 다진다.

2. 토마토는 끓는 물에 살짝 데쳐 껍질을 벗긴 후 잘게 다진다.

3. 볼에 ①, ②를 담고 핫소스(1)와 토마토 케첩(1), 레몬즙(2)을 넣고 섞는다.

4. 소금, 후춧가루로 간한다.

**사용** : 육류, 생선, 채소 등 거의 모든 요리에 잘 어울린다.

## 모르네 소스(치즈크림 소스)

**재료** : 버터(2), 밀가루(2), 물(1컵), 우유($\frac{1}{2}$컵), 소금, 흰 후춧가루, 슬라이스 치즈(1장)

**방법** : 1. 팬에 버터(2)를 녹인 후 밀가루(2)를 넣어 색깔이 나지 않도록 약한 불에서 서서히 볶아 흰색 루를 만든다.

2. 흰색 루에 물(1컵)을 조금씩 부어가며 멍울이 생기지 않도록 푼 후 우유나 생크림($\frac{1}{2}$컵)을 넣고 소금, 흰 후춧가루로 간한다.

3. 슬라이스 치즈(1장)를 잘게 다져서 넣는다.

**사용** : 야채볶음, 생선찜의 소스로 사용한다.

## 레몬버터 소스

**재료** : 버터(6), 레몬즙(1), 백포도주(1), 소금, 흰 후춧가루

**방법** : 달궈진 팬에 버터(6)를 녹여 끓인 후 레몬즙(1), 백포도주(1), 소금, 후추로 간한다.

**사용** : 가자미미니에르나 생선지짐에 곁들인다. 레몬버터 소스는 뜨거울 때 먹는 것이 맛있다.

## 요구르트파인애플 소스

**재료** : 플레인 요구르트(1개), 파인애플($\frac{1}{2}$개), 피망($\frac{1}{3}$개), 땅콩(1), 소금, 흰 후춧가루

**방법** : 요구르트에 잘게 썬 파인애플, 피망, 땅콩을 섞고 소금, 흰 후춧가루로 간한다.

**사용** : 과일, 야채, 새우튀김, 굴튀김에 곁들인다.

## 요구르트크림치즈 드레싱

**재료** : 플레인 요구르트(12), 크림 치즈(5), 설탕(1), 레몬즙(1)

**방법** : 모든 재료를 넣고 잘 섞어준다.

**사용** : 과일 샐러드의 드레싱으로 사용한다.

# 이가 없으면 잇몸! 대체 양념을 알려드릴게요

### 올리브유와 식용유

요리책을 보다가 올리브유가 나오면 왠지 슬그머니 넘기곤 했지요? 올리브유가 없다면 가정에 있는 식용유를 사용해도 상관없어요. 식용유통에 상표를 잘 보면 샐러드유라고 되어있어요. 그러니까 샐러드를 만들 때 올리브유가 들어가면 그 대신 식용유를 넣어도 된답니다.

### 굴소스, 우스터소스와 간장

굴소스와 우스터소스도 많이 등장하지요. 굴소스와 우스터소스 정도는 집에 있으면 활용도가 다양하지만 없다면 진간장으로 대체하세요. 우스터소스는 간장에 케첩을 섞은 맛이거든요.

### 레몬즙과 식초

요리에 의외로 레몬즙 넣으라는 말이 많이 나오죠. 그렇다고 매번 잘 상하는 레몬을 냉장고에 상비할 수도 없고, 하긴 시중에 레몬즙 농축액을 용기에 넣어 팔기는 해요. 하지만 이 레몬즙 농축액도 사놓기가 좀 그렇죠. 레몬즙이 없으면 식초를 좀 더 넣어주세요.

### 과일즙과 설탕

육류요리에는 어김없이 과일즙이 들어가죠. 과일은 고기를 부드럽게 하는 연육 작용을 하거든요. 이와 같은 역할을 하는 것이 설탕이에요. 과일이 없다면 설탕만으로도 충분해요.

### 꿀과 물엿

자취생이나 혼자 사는 사람들이 집에 꿀을 두기란 어려운 일이죠. 야속하게도 요리책에는 꿀을 넣으라는 말이 많이 나와요. 단맛을 내고 윤기를 더해주는 물엿이나 요리당으로 대체해서 넣으면 문제없어요.

### 청주, 와인, 소주와 맛술

청주도 시도 때도 없이 나오는 양념인데요. 집에 청주나 와인을 요리용으로 갖추고 있기가 힘들죠. 저 같이 술 좋아하는 사람은 요리에 들어가는 것 보다 뱃속으로 들어가는 게 더 많으니 말이에요. 술이 들어가는 요리에 시중에서 파는 맛술로 통일해서 넣어도 상관없어요. 소주 마시다 남은 것이 있으면 마늘을 편으로 썰어 넣어두었다가 요리에 사용해도 훌륭하죠.

### 후추

후추에는 흑색과 백색이 있는데요. 우리가 보통 사용하는 후추는 흑색이죠. 후추알을 그대로 사용하면 통후추고 갈아서 사용하면 후춧가루죠. 요리책에 집에 없는 백후추가 나오면 당황스럽죠. 백후추를 사용하는 경우는 요리가 밝은 색일 경우에 지저분해지지 않게 하려고 사용하는데요. 흑후추 보다는 향이 순해요.

# 보너스! 나물이의 맛내기 노하우

## 매운탕을 맛나게 하는 요령

### 신선한 재료를 고른다
매운탕은 생선의 신선도가 생명이에요. 재료가 신선할수록 개운한 맛, 달콤한 맛, 감칠맛 등 재료 자체의 맛이 살아나 국물 맛도 좋죠. 선도가 떨어지면 비린내도 나고 맛도 없어요.

### 밑손질을 철저하게 한다
생선이나 해물찌개는 비린내가 나지 않게 끓이는 게 중요하지요. 조개류는 말끔히 해감시키고 점액질이 많은 낙지는 소금물에 깨끗이 씻고 생선은 뼈 사이사이에 박힌 피 찌꺼기 등을 깨끗이 씻어내야 냄새가 덜 난답니다.

### 마늘과 생강을 넣어 끓인다
매운탕 양념은 진해야 맛있지요. 마늘, 생강을 넉넉히 넣고 끓이면 비린 맛도 덜해지고 맛이 개운하답니다.

### 양념장을 미리 준비한다
고추장 따로 풀어 넣고, 마늘 따로, 고춧가루 따로... 이렇게 하기보다는 고추장에 고춧가루 간장, 다진 마늘, 다진 생강 등을 한데 섞어 양념장을 만들어 풀어 넣어야 맛이 골고루 잘 어우러진답니다.

### 매운맛은 고춧가루로 조절한다
매운탕의 매력은 땀을 뻘뻘 흘리며 먹는 얼큰함에 있지요. 매운맛은 주로 고추장이나 고춧가루로 내는데 고추장만으로 맛을 내면 국물이 텁텁해지고 장맛이 많이 나서 개운치가 않아요. 매운맛은 나중에 고춧가루로 조절하는 것이 포인트입니다.

### 생선매운탕은 오래, 해물매운탕은 짧게 끓인다
생선매운탕은 양념을 많이 넣고 오래 끓일수록 진하고 감칠맛이 나지만 낙지, 오징어, 조개 등으로 끓인 해물탕은 너무 오래 끓이면 질겨져 맛이 덜해요.

### 미나리와 쑥갓은 마지막에 넣는다
특히 생선 매운탕에는 야채를 넉넉히 넣는 것이 좋아요. 그러나 처음부터 넣고 끓이면 다 풀어지고 색도 변하므로 다 끓인 후 마지막에 넣는 것이 좋죠.

### 양파는 단맛이 나서 안 어울린다
생선매운탕이나 해물탕에 양파를 넣는 건 좋지 않아요. 양파가 익으면서 들큰한 맛이 나기 때문에 얼큰하고 개운해야 될 매운탕의 맛을 망치게 되지요.

## 볶음 요리를 맛나게 하는 요령

### 팬은 바닥이 넓고 두꺼운 것으로
볶음용 팬은 불이 닿는 바닥 면적이 넓은 것이라야 재료에 골고루 열이 닿아 빨리 볶아져요. 바닥이 두툼해서 열이 잘 식지 않는 중국 프라이팬(웍)이 좋아요.

### 팬을 연기가 나기 직전까지 뜨겁게 달군다
볶음 요리는 너무 익어서 축 처지면 볼품이 없어요. 따라서 뜨겁게 달군 팬에 식용유를 두르고 연기가 나기 직전까지 뜨겁게 달군 후에 준비된 재료를 넣어 센 불에서 재빨리 볶아 재료가 가지고 있는 수분이 빠져 나오지 않도록 하는 게 요령이에요.

### 향을 내는 양념과 채소를 먼저 볶는다
고기, 야채 종류를 함께 볶을 때는 향을 내는 양념 채소류(마늘, 생강, 대파, 마른고추, 양파) 먼저 볶은 후 고기나 어패류를 볶아 주어야 맛도 충분히 우러나지요. 그런 다음 야채는 당근이나 우엉, 죽순처럼 단단한 것부터 순서대로 넣어 볶아 주고 색깔을 살려야 하는 피망이나 푸른 야채류는 맨 마지막에 넣어 살짝만 볶아 주는 것이 요령이에요.

### 수분이 많은 재료는 미리 데쳐서 볶는다

재료 자체에 수분이 너무 많은 경우는 볶기 전에 밑 손질을 해서 물기를 어느 정도 없앤 후에 볶아야 해요. 예를 들어 버섯이나 수분이 많은 야채는 미리 데쳐서 물기를 짠 후에 마지막에 넣어 재빨리 볶는 게 맛도 있고 모양새도 살아나죠.

### 간장은 팬 가장자리로 돌려 넣는다

볶음을 할 때 간은 재료가 70~80% 정도 익은 후에 하는데 간장을 넣을 때는 재료 위에 바로 넣는 것보다는 팬 가장자리로 돌려 넣어 약간만 태워주면 간장에 들어 있는 아미노산과 당류가 열을 받아 독특한 풍미를 더해준답니다.

### 팬과 주걱을 대담하게 움직여준다

재료에서 나오는 수분이 날아갈 수 있도록 팬과 주걱을 앞뒤 위아래로 계속해서 대담하게 움직여주세요.

## 조림 요리를 맛나게 하는 요령

### 냄비는 바닥이 넓고 편평한 것이 좋다

같은 용량의 냄비라도 바닥이 좁고 깊이가 있는 냄비는 재료를 겹쳐서 놓아야 하기 때문에 적합하지 않아요. 특히 생선조림을 할 때는 바닥이 넓어서 생선 토막을 겹쳐지지 않게 쭉 늘어놓을 수 있는 냄비에 국물을 조금만 부어 졸여야 간이 골고루 배고 빨리 익지요. 냄비가 좁아서 아래위로 겹쳐지게 놓으면 간도 골고루 안 배고 자꾸 뒤적이게 되어 부서질 염려도 있어요.

### 조림 국물의 양

많지도 적지도 않게 재료가 조금 나올 정도로 자작하게 부어 주고, 처음부터 한꺼번에 붓고 끓이기도 하지만 한번 끓인 후 두 번에 나누어 넣는 것이 요령이랍니다.

### 물을 부을 때는 냄비 가장자리로 붓는다

생선조림이든 고기조림이든 양념장에 먼저 버무린 다음에 물을 부어 주는 데 반드시 냄비 가장자리로 살며시 돌려 부어주는 것이 요령이죠. 위에서 확 부어 버리면 위에 있던 양념이 다 씻겨 내려가 맛이 덜 하답니다.

### 향미채소와 술을 넣어 비린내 제거

고기나 생선 등, 주재료만을 졸이는 것보다는 맛이 어울리는 부재료를 쓰면 서로의 맛이 전해져 훨씬 맛이 좋아요. 대개 생선조림에는 무를 많이 쓰며 붉은살 생선을 조릴 때는 깻잎이나 김치 등과 함께 조리면 그 맛이 일품이죠. 술을 넣어도 좋은데 간장을 사용할 경우 포도주로 하면 더욱 좋아요.

### 부서지기 쉬운 재료는 모서리를 다듬어 사용

특히 갈비찜이나 사태, 꼬리찜 등 고기가 주재료인 경우에는 감자나 당근, 밤 등의 부재료를 섞어서 조리는 경우가 많은데 처음부터 함께 넣으면 서로 익는 속도가 달라 야채는 다 뭉그러지게 되죠. 따라서 고기가 어느 정도 익은 후에 넣도록 하는데 모서리가 뾰족한 채로 그냥 졸이면 뒤적일 때 부서져서 음식이 지저분해지므로 둥글게 다듬어서 넣는 것이 요령이지요.

### 불 조절

찜, 조림에서 가장 중요한 것은 태우지 않고 거무스름하면서도 윤기 나게 졸이는 것이죠. 처음엔 센 불에서 끓여 한소끔 끓어오르면 불을 약하게 해 뚜껑을 덮고 서서히 익힌 후 국물이 잦아들고 간이 다 밴 것 같으면 다시 불을 세게 해 뚜껑을 연 채 재빨리 뒤적여주세요.

### 냄비 속에 속 뚜껑을 덮는다

속 뚜껑은 적은 양의 국물로도 표면 전체에 간이 배게 하고 생선 모양도 흐트러지지 않게 해 주죠. 일단 생선을 넣고 조리다가 한소끔 끓으면 불을 조금 줄인 다음에 속 뚜껑을 덮어 주면 되는데 물에 적신 나무 뚜껑이 가장 좋지만 없을 때는 쿠킹호일을 둥글게 만들어 가운데 구멍을 뚫어 사용하기도 하고 또 생선회나 초밥을 담았던 얇은 나무껍질 같은 것을 버리지 말고 두었다가 쓰면 효과적이에요.

### 중간 중간 국물을 끼얹어야 윤기 나게 조려진다

특히 생선 조림은 국물을 자작하게 부어 졸이기 때문에 생선 표면까지 국물이 닿지 않는 경우도 있지요. 그렇다고 생선을 뒤집으려다 보면 부서지기 쉬우니까 단시간에 골고루 맛이 들게 졸이려면 끓는 국물을 생선 표면에 자주 끼얹어 주어야 해요. 특히 거의 다 익어갈 때 생선 표면에 국물을 끼얹으면 윤기가 돌아 훨씬 먹음직스러워 보인답니다.

### 녹말물로 마무리

조림 중에서도 녹말물을 넣어 끈기 있고 국물이 거의 없게 졸인 것을 '초'라고 하는데 보통 전복, 홍합, 해삼 같은 해산물 재료에 많이 사용하죠. 녹말물을 넣으면 윤기가 나고 또 조리가 끝난 후에도 잘 식지 않아 좋아요.

## 지리를 맛나게 하는 요령

### 기름기가 적고 담백한 생선을 사용한다
매운탕도 물론 주로 흰 살 생선으로 끓이지만 지리의 경우는 특히 기름기가 적고 담백한 대구, 도미, 복어 같은 생선이라야 지리 특유의 깔끔하고 담백한 맛을 살릴 수 있어요.

### 국물은 연한 다시마국물이 좋다
생선 자체의 신선한 맛을 최대한 살리려면 국물 맛이 진하면 곤란하지요. 다시마를 우려서 사용하는 것이 가장 좋고 멸치국물을 쓸 때는 멸치 맛이 강하지 않게 연하게 우려 사용하세요.

### 거품은 수시로 걷어낸다
맑은 찌개는 국물이 맑은 게 생명이에요. 뚜껑을 열고 끓이면 비린내도 날아가고 수시로 거품을 걷어 내기도 편하지요.

### 간은 소금으로 하고 마늘을 넣지 않는다
마늘, 간장, 고춧가루 등 자극이 있거나 색깔이 나는 양념은 쓰지 않는 게 원칙이에요. 소금만으로 간 해 담백하고 시원한 맛을 살리는 것이 포인트죠.

## 찌개를 맛나게 하는 요령

### 국물의 양을 적당히 잡아야 맛있다
국물을 넉넉하게 끓이는 찌개는 재료의 표면이 수면에 잠길 정도로 국물을 잡아 주는데 이때 푹 잠기지는 않도록 해야 해요.

### 끓기 시작하면 불을 줄인다
찌개를 끓일 때 처음에는 강한 불에서 끓이고 국물이 끓기 시작하면 약한 불에서 보글보글 끓여야 국물 맛이 은근히 우러나 맛있어요.

### 생선은 국물이 끓은 다음에 넣는다
생선찌개는 국물이 끓을 때 생선을 넣어야 생선살이 부서지지 않고, 생선 표면의 단백질이 단단해져 깔끔한 찌개를 만들 수 있어요.

### 처음에는 심심하게 간을 한다
찌개는 대개 오래 끓여 국물이 졸아들게 되므로 처음에는 심심하게 간을 하도록 하는 것이 요령이지요.

### 한소끔 끓인 후 먹기 직전에 다시 끓여낸다
여러 가지 반찬들을 동시에 만들 때 찌개를 맨 먼저 조리해 한소끔 끓으면 완전히 익지 않았어도 불에서 내려놓았다가 먹기 직전에 다시 따끈하게 끓여내면 연료도 절약되고 조리시간도 단축할 수 있어요.

### 파와 마늘은 거의 다 끓었을 때 넣는다
파와 마늘의 맵고 향긋한 냄새는 휘발성이 있어 5분 이내 날아가 버리므로 다 끓었을 때 넣어 주는 것이 요령이지요.

## 찜 요리를 맛나게 하는 요령

### 물의 양은 넉넉하게 잡는다
찜기에서 요리할 때는 물의 양을 넉넉하게 잡는 것이 좋아요. 최소한 물 1컵 이상은 부어주어야 수증기가 충분히 나와 음식이 잘 익어요. 찜기 속에서 음식과 물 사이에 약간의 공간이 있어야 물이 음식에 닿는 것을 막을 수 있지요.

### 수증기가 충분히 오른 후 찐다
찜을 할 때 찜기에 재료를 담고 물을 부은 후 불에 올리고 수증기가 충분히 오른 후 재료를 넣어야 음식 맛이 좋아요.

### 강한 불에서 시작해서 약한 불로 익힌다
채소는 중간 불에서 시작해서 약한 불로, 고기는 강 불에서 시작해서 약한 불로 은근히 익혀야 양념이 골고루 베어 맛이 좋아져요.

### 종이 타월 한 장으로 모양을 말끔하게 만든다
만두나 달걀찜 등은 표면이 매끄럽게 쪄져야 모양이 예쁘게 되지요. 재료를 넣고 위에 종이 타월을 덮어주면 재료 위로 수증기가 떨어지지 않아 재료 표면이 매끄럽고 모양도 깔끔하지요.

### 생선찜에 무나 양파를 넣으면 맛이 담백해진다
생선찜을 맛있게 하려면 냄비에 무나 감자, 양파 등의 야채를 간 후 생선을 위에 올려 찌면 생선이 타는 것을 막아줄 뿐 아니라 야채에서 나오는 단물이 생선살을 단단하게 해주고 담백한 맛을 내주지요.

### 육류나 닭은 냄비에 삶듯이 찌는 것이 포인트
육류나 닭은 찜기를 이용해서 찌는 것보다 냄비에 삶듯이 쪄야 수분이 충분히 스며들어 간도 잘 배고 재료의 표면에 윤기가 흘러 맛이 살죠. 하지만 너무 오래 찌면 육즙이 흘러 푸석거리므로 주의하세요.

# 닫 는 글

일년 동안 혼자 살면서 해먹은 음식을 사진으로 찍어 한 권의 책으로 엮어 보았는데 욕심이 많았던 것만큼 아쉬움도 크네요.

사람들은 제가 해먹는 요리를 보며 돈이 많이 드는 것으로 알고 있죠. 사실 제가 그리 풍족한 생활을 하는 것이 아니랍니다. 항상 경제적으로 쪼들리면서 살죠. 그래서 자연스럽게 하루하루 생존에 대한 요령이 생기게 된 것이고, 밖에서 사먹을 돈 2,000원, 3,000원을 아껴서 야채도 사고, 고기도 사고 이렇게 사 놓은 재료들이 상하기 전에 다양한 요리를 만들어 낸답니다. 비싸서 못 사먹던 요리도 집에서 해먹으면 적은 돈으로 즐길 수 있거든요. 깐풍기나 샤브샤브 등 이 책에서 소개한 요리 중에도 음식점에서는 먹어본 적이 없는 것들이 있어서 아직도 제가 만들어낸 맛이 정말 그 맛일까 하는 의구심도 있어요.

이 책에 수록된 요리들은 요리책을 만들기 위해 만든 요리라기보다는 한 남자가 일년 동안 처절하게 생존해 온 흔적을 사진으로 찍어서 만들어 놓은 기록이라고 할 수 있어요. 시장을 지나다가 작은 닭 한 마리가 1,000원이라고 하면 귀가 솔깃해서 한 마리를 구입하죠. 그리고 삼등분을 합니다. 그리곤 위생비닐에 나누어 담아 냉장보관을 하고 3일 동안 하루에 한 가지씩 각기 다른 요리를 한답니다.

우유 큰 것을 구입하면 우유 요리 시리즈로 이어지죠. 카레소스 닭구이, 리조또, 크림스파게티, 핫케이크 등. 또 돼지고기 간 것을 한 근 사면 난자완스, 미트볼, 마파두부, 콩나물밥 이렇게 이어지다 보면 또 새로운 재료가 추가되죠? 콩나물! 콩나물국, 콩나물무침, 낙지찜 이렇게 콩나물로만 하루를 생존할 수도 있죠. 어허~ 갑자기 낙지가 등장했군요. 여러분도 낙지로 무엇을 해먹을 수 있을까? 꼬리에 꼬리를 무는 요리를 상상해보세요.

먹기 위해 사는 사람을 싫어하는 사람이 많죠. 저도 먹는 것만을 인생의 목표로 삼고 사는 사람은 아니랍니다. 이왕 먹는 거 즐겁게 먹자 주의지요. 입고 먹고 자고 하는 것 또한 중요하다고 생각해요. 예전에 같이 살던 룸메이트는 하는 일에 푹 빠져서 먹는 시간이 아깝다고 하더군요. 알약 하나만 먹어도 그 포만감으로 살 수 있으면 좋겠다는 말을 할 정도였으니까요. 그런 사람들에게 새로운 요리에 도전하고, 사랑하는 사람에게 요리를 해주고 맛있게 먹어 주는 모습을 보는 그 즐거움을 어찌 전달하리요.

요리사도 아니고 요리를 전문적으로 공부한 사람도 아닌 제가 요리책을 낸다는 것이 '제 인생에 있었나 없었나'(←홍명보 버전) 하는 생각을 해봅니다. 워낙 한 가지 일을 꾸준히 못하고 튀는 성격이라 앞으로 또 어떤 일이 기다리고 있을지 제 자신도 기대가 되네요. 친구들도 그러더군요. "나 요즘 요리책 만들고 있어" 하면 너 참 재밌게 산다더군요.

아무쪼록 이 책을 구입하시는 분들이 요리에 흥미가 생겨서 잘 해 드신다면 더 바랄 나위가 없겠습니다. 요리를 하다가 궁금한 점이 있으면 언제든지 나물이네(www.namool.com)를 찾아 주세요.

나물이

**2000원으로 밥상 차리기**

| 1판 1쇄 발행 | 2003년 11월 15일 |
|---|---|
| 1판 116쇄 발행 | 2006년 11월 20일 |

| 저　　　자 | 김용환(나물이) |
|---|---|
| 발 　행 　인 | 김길수 |
| 발 　행 　처 | 미디어코프 |
| 주　　　소 | 서울시 강남구 대치동 997-10 유니온빌딩 7층 (우 135-502) |

| 대 표 전 화 | 1588-0789 |
|---|---|
| 대 표 팩 스 | (02)2105-2206 |
| 등 　　　록 | 1987. 11. 5. 제 03-00095호 |

값 8,800원

ISBN 89-314-2624-0

http://www.youngjin.com